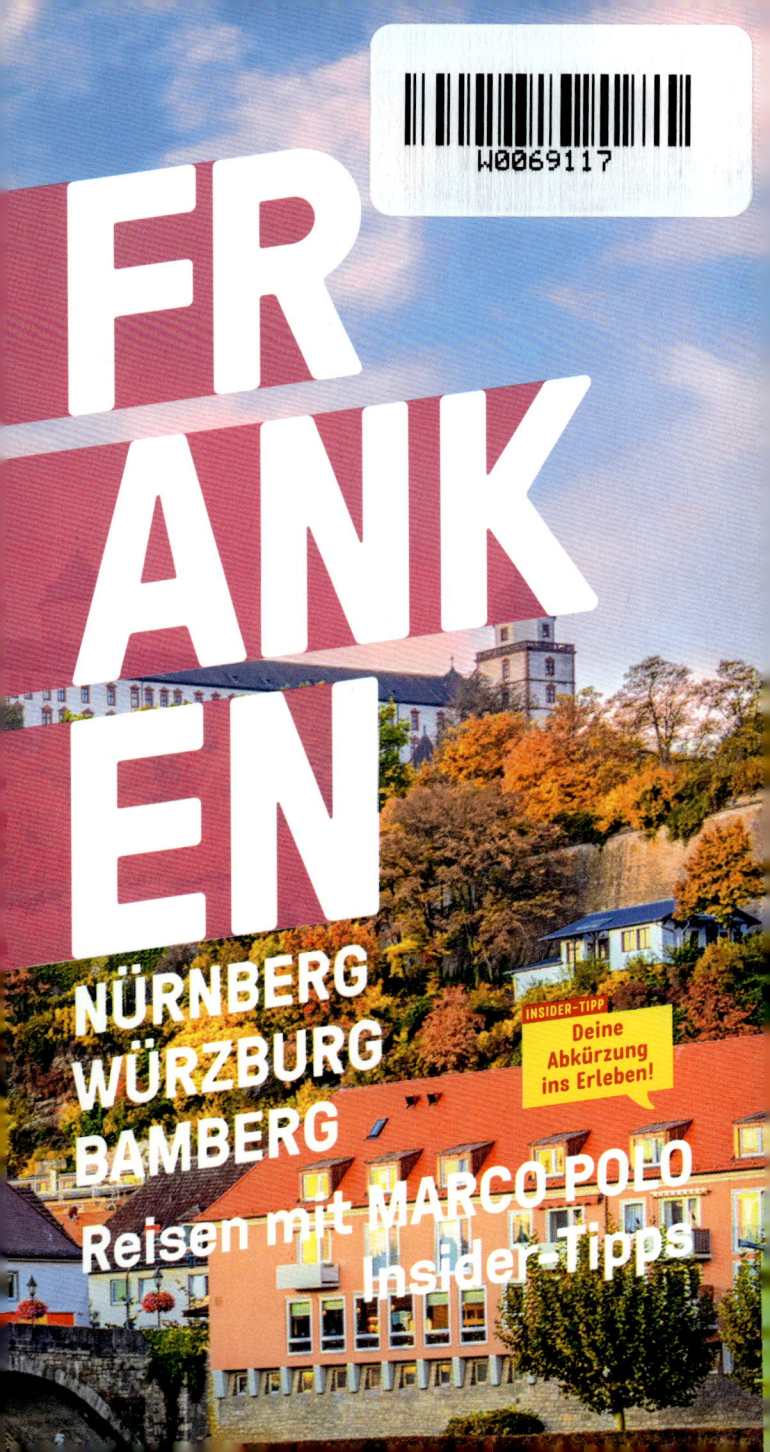

W0069117

# FR ANK EN

NÜRNBERG
WÜRZBURG
BAMBERG

Reisen mit MARCO POLO
Insider-Tipps

INSIDER-TIPP
Deine
Abkürzung
ins Erleben!

# MARCO POLO TOP-HIGHLIGHTS

## BAMBERGER DOM ⭐1
Heilige Hallen, in denen du versuchen kannst, das Rätsel um den Bamberger Reiter zu lösen
📷 *Tipp: Auf der Terrasse des Gasthauses Domterrassen/ Michalis & Friends (Oberer Kaulberg 36) bekommst du zum Dom viel Grün mit ins Bild*

➤ S. 99, Oberfranken

## FRÄNKISCHES SEENLAND ⭐1
Auf sieben Seen kannst du dich in malerischer Landschaft (zum Sport) treiben lassen

➤ S. 59, Mittelfranken

## VIERZEHNHEILIGEN ⭐2
Die barocke Basilika, Frankens bedeutsamste Wallfahrtskirche, verzaubert mit einem Spiel mit Licht und Stein

➤ S. 113, Oberfranken

## ROTHENBURG OB DER TAUBER ⭐5
Wenn du durch durch die Gässchen mit den uralten Häusern schlenderst (Foto), scheint die Zeit stehen geblieben zu sein
📷 *Tipp: Vom „Goldenen Hirschen" aus gelingt dir ein Postkartenmotiv vom Plönlein*

➤ S. 64, Mittelfranken

## DOKUMENTATIONSZENTRUM REICHSPARTEITAGSGELÄNDE ⭐3
Wo früher die Nazis marschierten, erfährst du heute, wie ein ganzes Volk fanatisiert wurde

➤ S. 47, Mittelfranken

## VESTE COBURG ⭐6
Uneinnehmbar thront die „fränkische Krone" 150 m über der Stadt
📷 *Tipp: Im Dunkeln! Dann ist die Burg so schön beleuchtet*

➤ S. 110, Oberfranken

**WÜRZBURGER RESIDENZ** ⭐
Verpass nicht dieses Hauptwerk des Spätbarock, wo sich Würzburg mit Versailles misst

➤ S. 74, Unterfranken

**PLAYMOBIL FUNPARK** ⭐
Aus den kunterbunten Playmobil-Spielewelten in Zirndorf wollen Kinder nie wieder raus
📷 *Tipp: Mach ein Selfie mit überlebensgroßen Playmobil-männchen!*

➤ S. 52, Mittelfranken

**ALTMÜHLTAL** ⭐
Gemütlich radeln, sportlich wandern oder relaxt Kanu fahren an bzw. auf Bayerns langsamstem Fluss

➤ S. 61, Mittelfranken

**BAYERISCHE RHÖN** ⭐
Das „Land der offenen Fernen": weite Blicke über steile Hänge, geschwungene Bergkuppen, Moore, Wiesen und Wälder
📷 *Tipp: Die Kreuzigungsgruppe auf dem Kreuzbergplateau von weiter unten, beim Aufstieg, fotografieren*

➤ S. 90, Unterfranken

# INHALT

UNTERFRANKEN

OBERFRANKEN

MITTELFRANKEN

🕐         Besuch planen          🍴 Essen/Trinken
€ – €€€ Preiskategorien          🛍 Shoppen
(*)        Kostenpflichtige       🍸 Ausgehen
           Telefonnummer          🌴 Top-Strände

(📖 A2) Herausnehmbare Faltkarte
(📖 a2) Zusatzkarte auf der Faltkarte
(0) Außerhalb des Faltkartenausschnitts

**BESSER PLANEN
MEHR ERLEBEN!**

**Digitale Extras
go.marcopolo.de/app/frk**

# DAS BESTE ZUERST

Mitten in der Regnitz steht das Bamberger Rathaus

# BEST OF ☔

## BEI REGEN

### SCHÖN, AUCH WENN ES REGNET

### KATZE AUF DEM SCHOSS

Einen Cappuccino vor der Nase und eine Katze auf dem Schoß – Herz, was willst du mehr, wenn du Tierliebhaber bist und es draußen Katzen und Hunde regnet? Also nichts wie rein in den Nürnberger *Katzentempel,* Deutschlands erstes Katzencafé, wo sechs Tiere auf Streicheleinheiten warten
➤ S. 48, Mittelfranken

### EINFACH ABTAUCHEN

Sieben Tage Regenwetter? Dann tauch doch in der *Therme Obernsees* ab. Unter Wasser kriegst du vom dunklen Himmel und den Wolken nichts mit. Und nass wirst du sowieso …
➤ S. 110, Oberfranken

### STERNE STATT WOLKEN

Wenn der Himmel bedeckt ist, siehst du im Nürnberger *Nicolaus-Copernicus-Planetarium* dennoch die Sterne – sogar tagsüber!
➤ S. 46, Mittelfranken

### KRIMI IM ZWIELICHT

Das *Pit Pat Wonderland* in Würzburg lässt dich nicht im Regen stehen: Wenn dir im dortigen Escape-Room nach 90-minütigem Rätseln endlich ein Licht aufgeht, ist draußen vielleicht wieder die Sonne zu sehen
➤ S. 77, Unterfranken

### FÜR IMMER WEIHNACHTEN

Im *Weihnachtsdorf bei Käthe Wohlfahrt* (Foto) in Rothenburg ob der Tauber ist das ganze Jahr über Winter, und ob es draußen regnet oder schneit, ist drinnen egal. Frohes Fest!
➤ S. 66, Mittelfranken

### ZWISCHEN MÄCHTIGEN FÄSSERN

Tief unter der Würzburger Residenz betrittst du den *Staatlichen Hofkeller* mit seinen riesigen Weinfässern. Keine Sorge, du bleibst nicht auf dem Trockenen sitzen: Ein Glas Wein ist bei der Besichtigung inklusive
➤ S. 74, Unterfranken

# BEST OF

## LOW-BUDGET

### DÜRER FÜR LAU

Der Behaim-Globus als älteste Darstellung des Erdballs als Kugel, historische Musikinstrumente und als Herzstück bedeutende Werke von Albrecht Dürer: Das *Germanische Nationalmuseum* in Nürnberg ist beeindruckend. Mittwochabend zwischen 18 und 21 Uhr gibt es den Kulturgenuss gratis
➤ S. 45, Mittelfranken

### UMSONST UND DRINNEN

Sie ziehen in Bad Staffelstein alle Register: Von Mai bis September geben immer freitags um 15 Uhr namhafte Organisten ein jeweils halbstündiges Konzert in der eindrucksvollen Wallfahrtskirche *Vierzehnheiligen* (Foto)
➤ S. 113, Oberfranken

### BAD IM FLUSS

Die Natürlichkeit eines Flusses trifft auf die Annehmlichkeiten eines Schwimmbads: Im *Altmühlbad* bei Leutershausen darfst du die Infrastruktur einer Flussbadeanstalt den ganzen Sommer kostenlos nutzen
➤ S. 62, Mittelfranken

### BEI ELCHEN UND LUCHSEN

Wer in Schweinfurt den *Wildpark an den Eichen* entdeckt, hat Schwein: Er kann 500 Tieren aus Deutschland und anderen Erdteilen kostenlos Hallo sagen, z. B. Elchen, Luchsen, Wild- und Meerschweinchen. Obendrauf gibt's einen tollen Abenteuerspielplatz
➤ S. 91, Unterfranken

### WASSER MARSCH IM SCHLOSSPARK

Durch den Park von *Schloss Seehof* (Foto), der Sommerresidenz der Bamberger Fürstbischöfe in Memmelsdorf, flanierst du wie Hochwürden auf Urlaub und bewunderst bei freiem Eintritt barocke Gartenkunst – und in den Sommermonaten zu jeder vollen Stunde märchenhafte Wasserspiele
➤ S. 103, Oberfranken

# BEST OF
## MIT KINDERN

### SPANNENDES FÜR GROSS & KLEIN

**AUSFLUG NACH ENTENHAUSEN**

Ächz, krawumm, stöhn: Wenn du wissen willst, von wem Micky Maus und Donald Duck Deutsch gelernt haben, dann schau im *Erika-Fuchs-Haus,* dem Museum für Comic und Sprachkunst in Schwarzenbach an der Saale, vorbei. Dort spazierst du auch durch eine Nachbildung von Entenhausen
➤ S. 122, Oberfranken

**ZU DEN HELDEN DER KINDHEIT**

Der Zirndorfer *Playmobil Funpark* ist ein Paradies für alle Fans der 7,5 cm großen Kunststoffmännchen (Foto). Ein Besuch kann für Begleitpersonen nervenzehrend sein, doch wer seine Kinder liebt, stürzt sich mit ihnen in die überlebensgroßen Kulissen von Playmobilhausen
➤ S. 52, Mittelfranken

**KLETTERN MIT DEM SAMS**

Auf der Bamberger *Erba-Insel* freut sich das Sams, die berühmte Kinderbuchfigur von Paul Maar, als Maskottchen auf Kletter- und Wasserspielplätzen über viele Spielgefährten. Ein wunderbarer Spaß für kleine Literaten und große Abenteurer
➤ S. 103, Oberfranken

**RODELN IN DER FRÄNKISCHEN SCHWEIZ**

Mit bis zu 40 Sachen geht es die beiden Sommerrodelbahnen des *Erlebnisfelsens Pottenstein* hinab. 1200 bzw. 1000 m sind sie lang. Ob du die malerische Landschaft bei der rasanten Talfahrt wahrnimmst, sei dahingestellt
➤ S. 108, Oberfranken

**SAFARI IM SCHLOSSPARK**

Die Greifvogelschau sorgt für einen steifen Nacken, die vielen Tiere für großes Staunen: Im *Wildpark Schloss Tambach* erlebst du eine Safari mit heimischem Wild
➤ S. 112, Oberfranken

### BIER WIE SCHINKEN

„Vier Bier sind auch ein Schnitzel" – dieser Spruch kriegt eine komplett neue Bedeutung, wenn das Bier nach Schinken schmeckt. Die berühmteste Rauchbierbrauerei ist das *Schlenkerla* in Bamberg (Foto)
➤ S. 101, Oberfranken

### HÄUSER WIE GEMALT

Wie im Märchen sehen die Fachwerkbauten der fränkischen Dörfer und Städte häufig aus; viele von ihnen wurden durch aufwendige Renovierungen gerade in den vergangenen Jahren vor dem Verfall gerettet. Am *Marktplatz von Feuchtwangen* spazierst du gefühlt durch eine Musterhaussiedlung fränkischen Fachwerks
➤ S. 63, Mittelfranken

### KERWA IM SAND

„Kerwa" ist der in Franken gängige Begriff für Kirchweih. Das zugehörige Fest dauert oft mehrere Tage und ist in vielen Dörfern und Städten einer der Höhepunkte des Jahres. Viele Menschen nehmen sich eigens dafür frei. Von weit her reisen Gäste immer im August zur Bamberger *Sandkerwa*
➤ S. 135, Gut zu wissen

### DER NATUR AUFS DACH STEIGEN

Die Franken klettern, sobald sich ihnen ein Felsen in den Weg stellt – und das ist in der *Fränkischen Schweiz* häufig der Fall. Auch du kannst dort senkrecht aufragende Felswände oder Kletterparks unsicher machen
➤ S. 33, Sport

### EINE BRATWURST MIT DEM CHRISTKIND

Bratwürste und Budenzauber: Die Franken schlendern und schlemmen gerne auf ihren Weihnachtsmärkten. Pflicht ist alle Jahre wieder, mindestens für eine Bratwurst auf den Nürnberger *Christkindlesmarkt* zu gehen
➤ S. 135, Gut zu wissen

# SO TICKT FRANKEN

Franken hat ein Herz für Lebkuchen

# ENTDECKE FRANKEN

Im Aschaffenburger Schlossgarten kommt so was wie Mittelmeer-Feeling auf

„Bassd scho!" So klingt es, wenn ein Franke mitteilt, dass er sich im Glücksrausch befindet, es ist der fränkische Superlativ. Er sagt es etwa, wenn er im Biergarten sitzt und bei Bier und Brotzeit und einem Blick auf die hügelige Landschaft oder eine kleine Burg sein Glück nicht fassen kann, auf einem derart schönen Fleckchen Erde zu leben.

## FRÄNKISCHES MULTIKULTI

Auch Urlauber sprechen früher oder später im Superlativ über die Region mit den unterschiedlichen Landschaften und Traditionen. Vielleicht sind sie sich uneins darüber, was zwischen Hof und Ansbach, Aschaffenburg und Kulmbach am besten ist, genau wie sich die Franken über alles uneins sind, über Politik, Religion und Fußball etwa. Franken ist räumlich auseinandergezogen, mal städtisch,

**5. Jh. v. Chr.**
Besiedlung durch die Kelten

**um 700**
Angliederung an das östliche Frankenreich (etwa heutiges Deutschland)

**10.–12. Jh.**
Franken ist Stammland des deutschen Königs

**2. Juli 1500**
Kaiser Maximilian schafft den „Fränkischen Reichskreis". Die Verwaltungseinheit gilt als Quelle fränkischer Identität

**1552–1555**
Im Markgräfler Krieg werden viele Städte Frankens zerstört

**ab 1803**
Der Fränkische Reichskreis wird Bayern zugeschlagen

mal ländlich geprägt. Ungleichheit und Kleinteiligkeit sorgen für Vielfalt – doch auch für Unsicherheit darüber, was das Frankenfeeling ausmacht, ist es doch überall „a weng" anders.

### FREI STATT BAYERN

Franken liegt im nördlichen Bayern – oder? Na ja: Nördlich stimmt, aber dass Franken zu Bayern gehört, ist zwar politisch korrekt, aus Sicht vieler Franken aber ein Irrglaube. Ein echter Franke würde auf die Frage, wo er lebt, nie mit „Bayern" antworten. Es gibt Initiativen, die „frei statt Bayern" fordern und es gern sehen würden, wenn Franken dem Freistaat die Unabhängigkeit erklärte. Doch keine Sorge: Das klingt ernster, als es ist. Die Franken sonnen sich in ihrer Ablehnung den Bayern gegenüber und pflegen diese mal mit Grant, mal mit Humor.

### WEIN AUF BIER

Ihnen ist die kulinarische Gliederung wichtiger als Zugehörigkeiten oder die Aufteilung in Ober-, Mittel- und Unterfranken: Den Franken geht es darum, ob sie in Wein- oder Bierfranken leben. Weinfranken umfasst die Weinbaugebiete vor allem in Unter- und Teilen Mittelfrankens, Bierfranken erstreckt sich mit teils weltberühmten Brauereien hauptsächlich über Ober- und Mittelfranken.

### FACHWERK, FELSEN, FLÜSSE

Fachwerkzeilen, Gassen, Burgen und Schlösser, prächtige Kirchen, Streuobstwiesen und Bauerngärten sorgen für Romantik und Euphorie – und den Drang, all

**1944/45** Würzburg und Nürnberg werden im Bombenkrieg fast vollständig zerstört

**1946–48** Nürnberger Prozesse

**2006** Der 2. Juli wird zum „Tag der Franken" erklärt

**2014** Das Heimatministerium startet in Nürnberg als erstes bayerisches Ministerium außerhalb Münchens

**2018** Der Franke Markus Söder (CSU) wird Bayerns Ministerpräsident

**2020** 25 Jahre „Rock im Park"

das in die Ewigkeit retten zu wollen: Naturschützer würden gern den größten Buchen-und-Eichen-Mischwald Deutschlands, den Steigerwald, zum Nationalpark machen. Das Fränkische Seenland, die 1500 Fischweiher des Aischgrunds oder Flüsse wie Main und Regnitz sowie viele Thermen und Spaßbäder sorgen dafür, dass keiner im eigentlich wasserarmen Franken auf dem Trockenen sitzt. Wenn der Berg ruft, geht es nicht so hoch hinauf wie in den Alpen, doch anstrengend hügelig ist es dennoch auf den Höhen der Hochrhön, im Fichtelgebirge oder auf den Felsen der Fränkischen Schweiz. Hügel und Täler genießt, wer den Frankenweg vom Rennsteig zur Schwäbischen Alb durchwandert oder den ersten Fünf-Sterne-Radweg Deutschlands vom Fichtelgebirge den Main entlang bis nach Mainz strampelt.

## DAMALS & HEUTE
Heute herrscht in Franken Idylle wie im Bilderbuch, während des Zweiten Weltkriegs waren die Zustände katastrophal. Das Naziregime hat in Nürnberg architektonische Spuren wie das Reichsparteitagsgelände hinterlassen – und Vernichtung: Die Stadt wurde wie Würzburg so stark zerstört, dass man zunächst plante, sie an anderer Stelle neu zu gründen. Doch längst stehen beide Städte wieder als Schönheiten da, mit Kneipenszenen, geschichtsträchtigen Sehenswürdigkeiten und Shoppingmeilen. Einen Trip ins Mittelalter gibt's in Rothenburg ob der Tauber oder Bamberg: Wer durch die Gässchen an uralten Häusern vorbeischlendert, denkt, die Zeit wäre damals stehen geblieben.

## WIRTSCHAFT MIT FRANKEN-POWER
Genug getrödelt! Die Franken schuften viel, die Arbeitslosenquote ist – wie überall in Bayern – niedrig, von Nürnberg abgesehen. Was die Wirtschaftskraft betrifft, steht Franken im europaweiten Vergleich gut da. Ein Branchen- und Unternehmensmix von Adidas bis Schaeffler stabilisiert die Wirtschaft, ebenso Hightechstandorte wie die Siemensstadt Erlangen. Sie bildet mit der Region das „Medical Valley", das sich um die Zukunft der Medizin kümmert. Autobauer von überall her holen sich Fahrzeugkomponenten in Bamberg, Coburg und Schweinfurt; auf der Nürnberger Spielwarenmesse und der Biofach fachsimpeln Experten aus aller Welt.

## KULTUR IM ÜBERFLUSS
Feierabend! Jetzt gibt es Kultur, von Bauerntheater über Europas größtes Afrika-Festival in Würzburg bis zu den hohen Künsten ist alles dabei. Im Schweinfurter Museum Georg Schäfer hängt die weltgrößte Sammlung des Malers Carl Spitzweg, im Nürnberger Germanischen Nationalmuseum viel von Albrecht Dürer. Die Bamberger Symphoniker sind weltberühmt – genau wie die Stars und Politiker, die bei den Wagner-Festspielen in Bayreuth im Publikum sitzen. Bassd scho!

# AUF EINEN BLICK

## 4,1 MIO.
**Einwohner**

Bayern gesamt: 13 Mio.

## 22.248 EURO
Jährliches Pro-Kopf-Einkommen in Oberfranken
Oberbayern: 25.868 Euro

## Rund 300
**Brauereien**

Bayern gesamt: rund 650

## 23.007 km$^2$
**Fläche**

Bayern gesamt:
70.550 km$^2$

**HÖCHSTER BERG:
SCHNEEBERG**

## 1.051 m

Zugspitze: 2.962 m

**Beliebteste Sehenswürdigkeit:**

## RESIDENZ
**in Würzburg mit mehr als
340.000 Besuchern pro Jahr**

**Kaiserburg Nürnberg: 190.000**

## WICHTIGE ERFINDUNGEN VON FRANKEN

**Globus, Taschenuhr, Jeans, Tempo-Taschentuch, Hustenbonbon,
Textmarker, Playmobil, Bobby-Car, Bionade**

Der **Nürnberger Fernmeldeturm**
ist mit

## 293 m

Bayerns höchstes Gebäude

**BERÜHMTE PERSONEN**
Albrecht Dürer, Adam
Riese, Thomas Gottschalk

Geografischer Mittelpunkt
der EU: GADHEIM, ein Ortsteil von Veitshöchheim

# FRANKEN VERSTEHEN

## BAYERN VERSUS FRANKEN

Die Franken als Bayern zu bezeichnen ist ein Sakrileg, denn die beiden Volksgruppen mögen sich nicht besonders, obwohl sie in einem Freistaat leben. Die Bayern finden, die Franken verhalten sich wie beleidigte Bratwürste – letztere aber sind überzeugt, einen guten Grund für diese Abneigung zu haben: Im frühen 19. Jh. verliebte sich das Königreich Bayern die fränkischen Gebiete ein, was die Franken bis heute nicht verkraftet haben. Damals wurden Kunstwerke geraubt, darunter das bedeutende Fränkische Herzogsschwert und die Heinrichskrone von 1280. Von einer Rückgabe wollen die Münchner bis heute nichts wissen. Höhepunkt damaliger bayerischer Barbarei: Man ließ das prächtige Bamberger Domkreuz abbauen und machte dessen Gold und Edelsteine zu Geld.

## ZEITANSAGE

Wer sich mit einem Franken verabredet, sollte dies zur vollen Stunde tun – oder auf die schriftliche Bestätigung der genauen Uhrzeit bestehen. Denn wer weiß schon als Nicht-Franke, was „um viertel acht" bedeutet? Oder „um drei viertel neun"? Die Auflösung: Viertel acht bedeutet 7.15 Uhr. Es ist dann „ein Viertel von acht Uhr". Drei viertel neun ist 8.45 Uhr – „ein Dreiviertel von neun Uhr". Eine höhere

Stundenzahl als die 12 gibt es nicht in Franken, 2 Uhr ist 2 Uhr, egal ob es sich dabei um 14 Uhr nachmittags oder um 2 Uhr nachts handelt. Was gemeint ist, erschließt sich aus dem Kontext.

## HADDES & WEICHES B

Wenn der Thomas zum Domas wird und es Dode im Dadord gibt, dann spricht ein Franke. In der Region hat sich jeder Ort seinen eigenen Dialekt geschmiedet – doch die sogenannte binnendeutsche Konsonantenschwächung haben sämtliche fränkische Mundarten gemeinsam. Es ist ein Phänomen, dass sich P, T und K aus den Mündern der Franken wie B, D und G anhören. Um Missverständnisse zu vermeiden, wird das B als „weiches B", das P als „haddes B", das D als „weiches D" und das T als „haddes D" bezeichnet. Das G verwandelt sich in Franken manchmal auch: Statt Nürnberg hörst du auch Nämberch, Würzburg gibt es auch als Würzburch und Bamberg als Bamberch.

## HUMOR MADE IN FRANKEN

Ernsthaft: Die Republik lacht längst nicht mehr über die Franken, sie lacht seit einiger Zeit mit ihnen. Ein berühmter Spaßmacher ist der fusselhaarige Urban Priol aus Aschaffenburg, der sich mit tagesaktuellem Politkabarett über die Entscheider der Republik lustig macht. Auch Frank-Markus Barwasser aus Würzburg gibt als Erwin Pelzig mit Cordhut, rot-weiß kariertem Hemd und Herrentasche seinen Senf zur Politik ab. Viele finden, dass auch der fränkische

Ex-Profifußballer Lothar Matthäus das Zeug zum Profi-Comedian hätte, immerhin werden ihm Sprüche wie „Wäre, wäre, Fahrradkette" oder „Wir dürfen jetzt nur nicht den Sand in den Kopf stecken" zugeschrieben.

### UNTER DACH & FACH(WERK)

Fachwerkhäuser wurden mit Stützen, Holz und Sinn für Ästhetik zusammengezimmert. Bis heute machen sie die meist ländlicheren Orte Frankens zu Bilderbuchschönheiten. Neben Bauernhäusern kommen auch Wasserschlösser und ganze Innenstädte wie in Miltenberg mit dieser charmant-rustikalen Architektur daher. Fachwerk gibt es zwar überall in Deutschland, aber Franken beeindruckt mit besonders raffinierten Mustern und der Vielzahl an Bauten. Typisch für fränkisches Fachwerk sind etwa Andreaskreuze, bei denen zwei diagonal laufende Balken als Schmuck an der Fassade angebracht sind, oder der „Wilde Mann", eine Balkengestalt mit gespreizten Armen und Beinen.

### KRIMI UM DEN TATORT

Der Kampf um einen eigenen ARD-„Tatort" für Franken war ein Krimi: Mit großem Engagement hatten sich die Einheimischen jahrelang dafür eingesetzt, eigene Mordfälle zu bekommen – auch, um ihre Ehre zu retten: 2003 hatte es mit Wolfgang Hackl einen piefigen fränkischen Aushilfskollegen für die Münchner Kommissare Ivo Batic und Franz Leitmayr gegeben,

Städtebauliche Vielfalt: Kein Fachwerkhaus in Königsberg gleicht dem anderen

Denkmal für einen der berühmtesten Nürnberger: Albrecht Dürer

über den auch Bayerns späterer Ministerpräsident, der Franke Markus Söder (CSU), so entsetzt war, dass er vom Bayerischen Rundfunk eine „Wiedergutmachung an Franken" gefordert hatte. Seit 2015 ermitteln nun die Hauptkommissare Paula Ringelhahn (Dagmar Manzel) und Felix Voss (Fabian Hinrichs) in verschiedenen Orten Frankens.

## TORE & KÖRBE

„Der Club is a Depp": Mit diesem Spruch hasslieben die Franken den 1. FC Nürnberg. Seit 1900 fiebern sie mit dem Traditionsverein mit, der seine Heimspiele im 50 000 Zuschauer fassenden Nürnberger Stadion bestreitet. Besonders heiß geht es in Fußball-Franken her, wenn ein Derby mit der SpVgg Greuther Fürth ansteht, dem Fußballverein der Nachbarstadt.

Wenn das Runde mal nicht ins Eckige muss, wird es in Franken in einen Korb gestopft: Auch Basketball ist beliebt in der Region. Brose Bamberg gehört zu den besten Teams Deutschlands und sackt – mit schmerzlichen Ausnahmen – Meistertitel und Pokalsiege ein. Auch die Teams aus Würzburg und Bayreuth zählen zu den besten Körbewerfern der Republik. Einer, der gewiss kein Depp in dieser Sportart ist, kommt übrigens aus Würzburg: Dirk Nowitzki, einer der besten Basketballer der Welt, ging bis 2019 in der US-Profiliga NBA für die Dallas Mavericks auf Körbejagd.

## KUNST MIT HASEN & HOCHWÜRDEN

Nein, Kunst in Franken erschöpft sich nicht im besten Bratwurstrezept. Die Region strotzt vor meisterhaften Werken, besonders vor üppigem Barock. Das verdankt sie auch den adeligen Schönborns, die im 17. und 18. Jh. vom Bauen besessen waren. Da die Familie auch die Erzbischöfe von Würzburg und Bamberg stellte, gibt es in Franken Kathedralen und Paläste. Sie beschäftigten neben Wolfgang Dientzenhofer (1648–1706) und Balthasar Neumann (1687–1753) den Superstar des monumentalen Deckenfreskos, Giovanni Battista Tiepolo (1696–1770). Wichtigste Bauten sind die Würzburger Residenz, Schloss Pommersfelden und die Wallfahrtskirche Vierzehnheiligen.

Die Werke des Renaissance-Genies Albrecht Dürer (1471–1528) tauchen überall in Nürnberg auf. Tod und Teufel, Hasen und Hände – er malte sie alle, schnitt sie in Holz, stach sie in Kupfer. Skulpturen und Altäre aus Spätgotik und Renaissance von Tilman Riemenschneider (1460–1531) sind etwa in Würzburg, Nürnberg, Bamberg, Rothenburg, Münnerstadt oder Creglingen zu finden.

### FRANKE ODER FRANZOSE?

Ist es Zufall, dass Franken und Frankreich eine Namensähnlichkeit verbindet? Mitnichten! Unter dem Namen „Franken", der „die Mutigen" oder „die Freien" bedeutet, schlossen sich ab dem 3. Jh. n. Chr. Stämme im heutigen Nordfrankreich bis zum Niederrhein zusammen; nach und nach kamen weitere Gebiete dazu. Bis zum 5. Jh. entstand ein Riesenreich, das u. a. große Teile des heutigen Frankreichs, Deutschlands sowie der Beneluxstaaten umfasste. Dieses Gebilde

# KLISCHEE KISTE

### MUNDFAULHEIT

Stimmt es eigentlich, dass Franken introvertiert und mundfaul sind? Ja. Und damit ist alles gesagt. Na ja, und doch auch nicht: Der Franke, so heißt es, ist kommunikativ, bis er etwas gefragt wird. Es scheint jedenfalls genetisch bedingt zu sein, dass Franken eine Art Filter im Gehirn haben, der überflüssige Bestandteile der Kommunikation bereits vor dem Reden aussortiert. Was unnötig ist, etwa Höflichkeitsbekundungen, Smalltalk, alberne Floskeln, kommt nicht aus seinem Mund. Man könnte auch sagen, dass Fränkisch das skandinavische Design unter Deutschlands Dialekten ist: minimalistisch und auf das Wesentliche beschränkt.

### DAHEIMBLEIBER

Franken sind heimatverbunden, was dazu führt, dass sie gar nicht erst wegwollen. Ihre Reiseunlust geht so weit, dass sie sogar den Trip in die nächstgelegene Stadt als zu weit empfinden. Warum sollten Forchheimer nach Erlangen fahren, wenn es doch auch in Forchheim Geschäfte gibt, Wirtshäuser, Feste? Diese Heimatverbundenheit bedeutet natürlich nicht, dass die Franken keinen Urlaub machen würden. Urlaub ist immer dann, wenn im Ort das Kirchweihfest steigt.

Brotzeit ist für viele Franken die schönste Zeit

zerfiel, seine politische Macht aber überlebte als Heiliges Römisches Reich, das acht Jahrhunderte lang Mittel- und Westeuropa prägte. Ab dem 15. Jh. begann ein Auflösungsprozess, der erst 1806 endete. Das heutige Frankreich führt, wie die Region Franken, noch den alten Stammesnamen.

## KELLER MIT AUSSICHT

Franken gehen zum Lachen nicht in, sondern auf den Keller: So werden die Biergärten vor allem in der Gegend um Bamberg, Forchheim und Erlangen genannt. Einheimische und Touristen trinken dort ihr Feierabend- und Wochenendbier, das von einer der vielen kleinen Brauereien stammt, für die Franken weltberühmt ist. Oft gestatten es die Wirte, das Essen von daheim mitzubringen – und gerne auch eine Tischdecke für die Biertische, weil das Auge mitisst. Es gibt auch einfache Speisen zu kaufen, etwa belegte Brote, Käse oder Kuchen. Dass die Biergärten Keller heißen, obwohl sie häufig auf einem Hügel liegen, ist fast logisch: Unter den Biergärten befinden sich tatsächlich Keller, in denen das Bier gelagert wird, was vor der Erfindung von Kühlanlagen überlebenswichtig für die Getränke war. Übrigens, Franken weist mit rund 300 Brauereien die weltweit größte Brauereidichte auf.

INSIDER-TIPP
**Brotzeit & Deko mitbringen erlaubt**

## WETTERKAPRIOLEN

Italienische Verhältnisse treffen sibirische Kälte: Die klimatischen Unterschiede in Franken sind verblüffend. Während die Gegend um den Main im Sommer beinahe toskanische Temperaturen aufweist, ist es im Frankenwald oder im Fichtelgebirge durchgehend kühl. Hof hat mit einer Jahresdurchschnittstemperatur von 6,5 Grad den niedrigsten Wert aller größeren Städte im deutschsprachigen Raum und wird gern als „Bayerisch Sibirien" bezeichnet. Eine Kälteinsel mit bis zu 110 Tagen Schnee und einer Jahresdurchschnittstemperatur von 6 Grad ist auch die Hochrhön – und bietet somit eine erfrischende Alternative beispielsweise zum zuweilen drückenden Würzburger Kesselklima.

## GLAUBENSSACHE

Typisch evangelisch, typisch katholisch? In dieser Frage sind die Franken uneins, es gibt erzkatholische und super protestantische Gebiete. In Mittelfranken gibt es tendenziell mehr Protestanten, in Unterfranken mehr Katholiken, und in Oberfranken ist es mal so, mal so. Diese Unterschiede führen dazu, dass etwa am 15. August, dem katholischen Feiertag Mariä Himmelfahrt, manche Franken ins Büro müssen, während die aus dem Nachbarort mit überwiegend katholischen Einwohnern ausschlafen, sofern sie keine Marienprozession besuchen oder zum Shoppen in evangelische Nachbarstädte fahren. Der Zweck heiligt in diesem Fall das Ausflugsziel.

## VERSPIELT

Dass Global Player der Spielzeugindustrie in Franken sitzen, Playmobil, Simba Dickie, Hummel und Sigikid etwa, ist kein Zufall: Seit Jahrhunderten wird hier Spielzeug für den Weltmarkt hergestellt. Der älteste Beleg hierfür ist eine Nürnberger Tonpuppe aus dem 14. Jh., der jüngste die Spielwarenmesse, die jedes Jahr in der Frankenmetropole stattfindet.

## FASCHINGSMUFFEL?

Franken ist scheinbar eine von Karneval komplett abgeschirmte Welt bzw. eine vom Fasching abgeschirmte, wie die fünfte Jahreszeit im Süden der Republik heißt. Der Rosenmontag ist in Franken ein Arbeitstag wie jeder andere auch. Am Faschingsdienstag kommt es vor, dass einzelne Karnevalisten einen Straßenumzug machen, um aus dürftig dekorierten Wagen Bonbons zu werfen. Wie es dazu kommen konnte, dass die legendäre Fernseh-Prunksitzung „Fastnacht in Franken" mit großem Erfolg seit drei Jahrzehnten zuerst aus Lichtenfels, dann aus Veitshöchheim gesendet wird, kann sich niemand so recht erklären.

## ROT-WEISS

Drei weiße Spitzen auf rotem Grund – so sieht das fränkische Nationalemblem aus. Der sogenannte Fränkische Rechen ist Bestandteil des bayerschen Staatswappens und auch das Wappen zahlreicher Städte und Kommunen. Die drei weißen Spitzen stehen für die Dreifaltigkeit Gottes, die vier roten repräsentieren die vier Himmelsrichtungen.

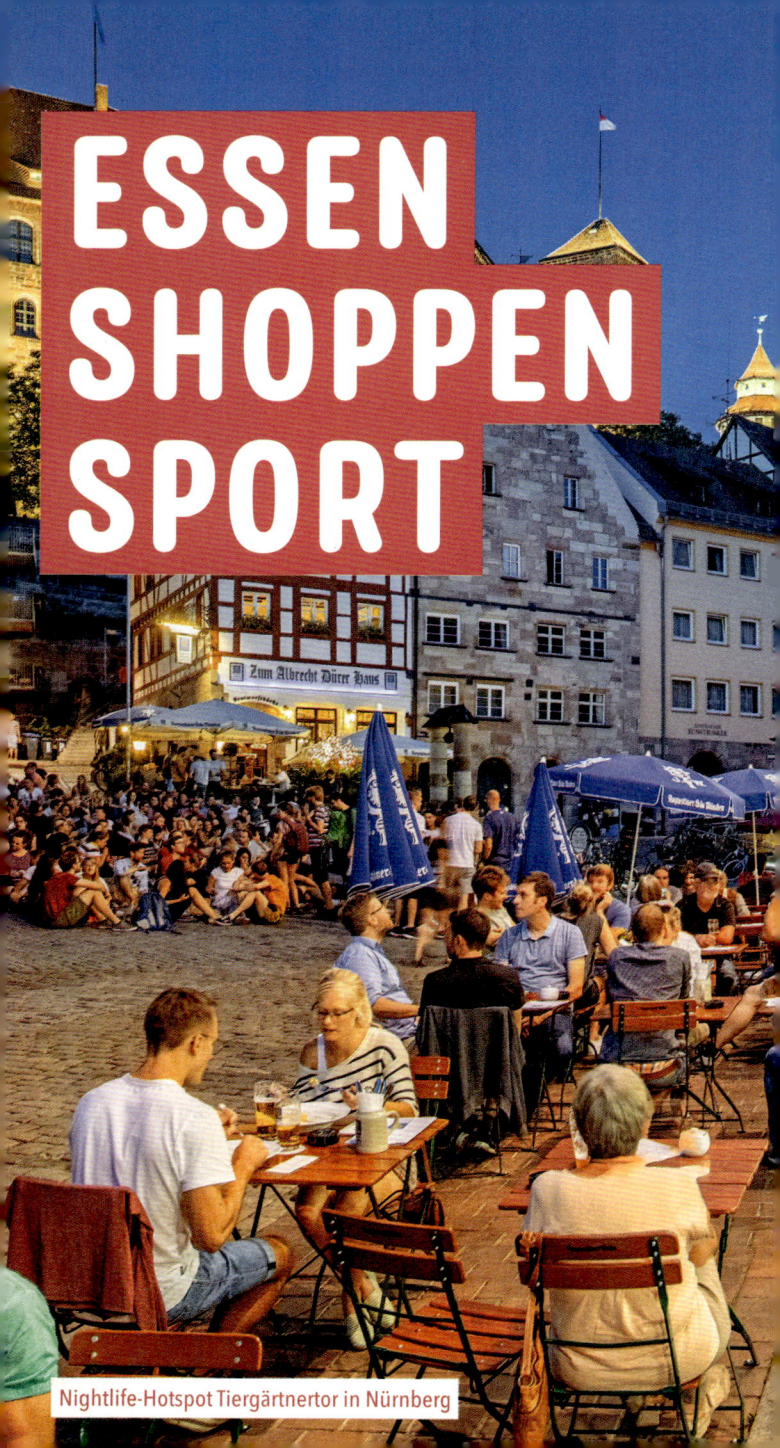

# ESSEN SHOPPEN SPORT

Nightlife-Hotspot Tiergärtnertor in Nürnberg

# ESSEN & TRINKEN

**Wein und Bier, dazu bodenständiges Essen: Die Redewendung „Leben wie Gott in Franken" – so heißt sie doch? – kommt nicht von ungefähr.**

## FLEISCH? IMMER!

Rustikales Essen, dazu ein leichter Silvaner oder ein dunkles Bier – die Franken sind Experten darin, unkompliziert und doch genussvoll zu futtern. Fleischesser solltest du jedoch sein, wenn du eine Wahl haben möchtest: Die Schwerpunkte fränkischer Küche bewegen sich zwischen Wurst und Braten. Dabei gibt es in Gasthäusern ziemlich viele Kalorien fürs Geld: Auf dem Land und oft auch in den Städten kosten die Hauptgerichte teilweise deutlich weniger als zehn Euro.

## ES GEHT UM DIE WURST

Ohne Bratwurststand kein Straßenfest, kein Markt, keine Kindergartenparty.

Die Franken streiten leidenschaftlich darüber, welche Bratwurst am besten schmeckt. Überall stellen sie die Metzger nach jeweils anderen Regeln her. Die Nürnberger Rostbratwurst etwa darf nur 7–9 cm messen, sie enthält Schweinefleisch und Majoran. Weil sie so klein ist, verträgt der Franke drei, sechs oder sogar zwölf Stück davon und bestellt etwa „Drei im Weggla", also im Brötchen, oder „Sechs auf Kraut". Die Coburger Bratwurst misst 31 cm, der Wurstgourmet isst sie im vertikal aufgeschnittenen Brötchen. In Würzburg wird die 15–20 cm lange Wurst mit Frankenwein abgeschmeckt. Sie heißt Geknickte, weil sie ins längliche Brötchen geknickt wird.

## GUT BERATEN MIT BRATEN

Das typische Sonntagsessen ist Braten. Fränkischer Kult ist das Schäufele, je nach Region auch „Schäuferla" oder „Schäufala" genannt, ein Schulterstück

Schäufele mit Klößen und Kraut (li.), dazu ein Roter aus Unterfranken

vom Schwein, in dem noch der Knochen steckt. Sein Fleisch ist zart, die Schwarte knusprig – wichtig ist, dass sie beim Kauen kracht.

### KARPFEN IN DEN R-MONATEN

In den Monaten, die ein r enthalten, also von September bis April, kommt als Sonntagsbraten auch mal ein Karpfen auf den Tisch, frittiert oder in Bierteig ausgebacken. Manchmal gibt es „die fränkische Teichsau", wie der Kosename des Karpfens lautet, auch in Form von Karpfensuppe, Karpfenroulade und sogar Karpfenchips. Bekannt sind die Aischgründer Spiegelkarpfen, die von den trickreichen Mönchen des Mittelalters einen hohen Rücken angezüchtet bekommen haben: Eine Fastenauflage lautete damals, dass das Essen nicht über den Tellerrand ragen darf; ein kleiner, aber hoher Fisch war statt eines langen, dünnen erlaubt.

### ALLES KÄSE

Vegetarisches ist in fränkischen Gaststätten selten. Gemüse ist nur Beilage – es sei denn, es gibt Spargel. Oft steht Vegetariern nur der Käse zur Wahl, etwa Spezialitäten wie Gerupfter, wie der in Bayern beliebte Obadzda in Franken heißt, ein mit Gewürzen und Butter vermischter Camembert. Eine Alternative ist der als Ziebeleskäs bekannte würzig angemachte Quark.

### KLOSS MIT SOSS – FAMOS!

Kloß mit Soß ist ein beliebtes Kinderessen, die Erwachsenen wählen ihn, der aus rohen, geriebenen Kartoffeln besteht und mit Brotwürfeln gefüllt ist, als Sättigungsbeilage zum Braten und sind damit wieder beim Fleisch. Die Coburger Variante des Kloßes ist übrigens – wie viele fränkische Delikatessen – nur vor Ort zu haben: Die sogenannten Coburger Rutscher sind weicher als die Verwandten im restlichen Franken und zerfließen fast auf Teller und Zunge.

Du denkst, du hast auf der Karte doch eine vegetarische Spezialität entdeckt? Vorsicht: Vieles, was vegetarisch klingt, ist mit Schinkenstreifen dekoriert. Und etwa bei der Bamberger Zwiebel ist zwar das genannte Gemüse dabei, es ist aber mit Hackfleisch oder Brät gefüllt. Auch wer statt Fleisch Fisch bestellt, muss damit rechnen, dass dieser in einen Speckmantel gehüllt ist.

### VEGAN IST NUR DAS BIER

Vegan? Ist oft nur das Bier. Da gibt es dafür eine immense Auswahl. Kein Wunder, Oberfranken rühmt sich mit der größten Brauereidichte der Welt. Das leichte, starke, helle, dunkle, hopfig-herbe oder naturtrübe Bier ist überall gut – und überall ein wenig anders, denn jeder Brauer ist zu Recht stolz auf seine Rezeptur. Das Bamberger Rauchbier, das nach Schinken schmeckt, ist heute einzigartig in

Werden die Bratwürste in Sud gegart, werden sie zu blauen (oder sauren) Zipfeln

Deutschland. In der Vergangenheit zählten indes viele Biere zu den Rauchbieren, denn die Brauer trockneten das Malz generell über offenem Holzfeuer. Seidla heißt in Franken der halbe Liter Bier. Wer noch eins will, legt den leeren Steinkrug auf den Tisch, und die Kellnerin bringt in Kürze einen aufgefüllten.

INSIDER-TIPP
No a Seidla?

### WEIN STATT BIER

In Unterfranken hat Wein den höheren Stellenwert. Populäre Rebsorten sind Silvaner und Müller-Thurgau, doch es gibt auch gelungenen Chardonnay, Cabernet Sauvignon und Riesling. Die Pirsch auf gute Tröpfchen lohnt sich in und um Würzburg, aber auch in kleinen Orten wie Zeil am Main, Ipsheim, Iphofen.

### FÜR DEN NACHTISCHMAGEN

Wenn der Nachtischmagen knurrt, sind Kirschenmännle, ein Auflauf aus Kirschen und altbackenen Brötchen, oder fränkische Weincreme, ein Dessert mit Schwips, beliebt. Einen kleinen Rausch gibt es auch dank vieler Streuobstwiesen: Zur Verdauung schenken fränkische Wirte gern Obstbrände von Haselnuss bis Quitte aus.

### JUNG & WILD

Auch die jungen Wilden und die Gourmetköche Frankens wie TV-Star Alexander Herrmann lassen nichts anbrennen und mischen die Frankenklassiker mit kreativen, exquisiten und internationalen Zutaten, die in ihren Restaurants zur neuen fränkischen Küche werden.

## Unsere Empfehlung heute

## Vorspeisen

**FRÄNKISCHE KARTOFFELSUPPE**
mit Speck und Petersilie

**BLAUE ZIPFEL**
Bratwürste, gegart in süßsaurem
Essigsud

**FRÄNKISCHES CARPACCIO**
Feldsalat auf Zwetschgenbames
(getrocknetem und geräuchertem
Rinderschinken)

## Hauptgerichte

**SECHS NÜRNBERGER BRATWÜRSTE**
mit hausgemachtem Sauerkraut
und Brot

**SCHÄUFELE**
an Dunkelbiersauce, mit Wirsing
und Kloß

**FRÄNKISCHER SAUERBRATEN**
an Lebkuchensauce, mit Blaukraut und
Semmelkloß

**DUETT VOM STEIGERWALD-REH**
Schulter und Rücken mit Waldpilzen,
Erbsen, Spätzle und Preiselbeeren

**PFEFFERKARPFENFILET**
knusprig gebacken, mit Kartoffelsalat

## Desserts

**KIRSCHENMÄNNLE**
Brotauflauf mit Kirschen

**APFELKÜCHLE**
Drei gebackene Apfelringe, in Zimt und
Zucker gewälzt, mit Vanillesauce, Eis
und Sahne

**FRÄNKISCHE WEINCREME**
mit Silvaner vom Main

## Getränke

**AECHT SCHLENKERLA RAUCHBIER**
Das Original aus Bamberg

**SILVANER**
Trockener Weißwein

**TRAUBENSAFT-SECCO**
Alkoholfreier, spritziger Traubensaft aus
Bacchustrauben

# SHOPPEN & STÖBERN

Souvenirs, Souvenirs, Souvenirs! Hier ein paar Ideen, was du aus dem Urlaub mitbringen kannst, um ein Stück Franken zu konservieren.

Wein am besten direkt im Weingut, wo du professionell beraten wirst – und natürlich probieren darfst.

## FLASCHEN ZUM KUGELN

Kein Geheimnis und vielleicht nicht besonders originell, aber ein edles Tröpfchen als Mitbringsel geht immer – vor allem wenn es in einer ungewöhnlichen Flasche daherkommt: Traditionell werden Frankenweine im Bocksbeutel abgefüllt, in kugeligen Flaschen mit flach gedrücktem Bauch und kurzem Hals. Quasi ein Gütesiegel, denn in diese Flaschen kommen qua Dekret nur hochwertige Weine aus Franken. Wie eine gewöhnliche Flasche Wein fasst auch der Bocksbeutel 0,75 l und damit drei fränkische Schoppen. Der Würzburger Stadtrat legte die Form 1728 fest, sie ist heute urheberrechtlich geschützt. Kauf den

## SPORTIVE SCHNÄPPCHEN

In Herzogenaurach kommst du am Schnäppchenmachen nicht vorbei: In der Heimatstadt von Adidas und Puma kriegst du in diversen Outlets Preisnachlässe bis zu 70 Prozent der unverbindlichen Preisempfehlung auf (Sport-)Kleidung.

## LKW AUS DER DOSE

Ein Brötchen mit warmem Fleischkäse ist Hochgenuss auf der Hand, und in manchen fränkischen Gemeinden gehört es zum Sightseeingtrip dazu, sich ein LKW zu holen, was die Abkürzung für das fränkische Leberkäsweggla ist – sonst hätte man die Region nicht geschmeckt. Lecker, oder? Wie du auch

Innovativ versus traditionell: bunte Lebkuchen (li.) und Bocksbeutel

zu Hause in den Genuss des fränkischen Fastfoods kommst? Da hat sich
der Bamberger Kultmetzger *Liebold*
*(liebolds-leberkaes.de)* etwas einfal-
len lassen: Es gibt den Leberkäs aus
der Metzgerei in der Oberen Sandstra-
ße 10 jetzt auch in der Dose zum Sel-
beraufbacken.

## KUNST ODER KREMPEL?

Ist das Kunst oder kann das weg? Der
Kenner weiß, ob Uromas Holzschrank
wertvoll ist oder Sperrmüll. Nicht nur
in Frankens größeren Städten, auch in
Scheunen und in stillgelegten Fabri-
ken auf den Dörfern findest du Kost-
bares oder Kurioses aus alten Zeiten.
Besonders in den holzreichen Gebie-
ten wie Spessart und Fichtelgebirge
gibt es günstige, sorgfältig restaurier-
te Holzmöbel. Vor allem Bamberg,
Nürnberg und Würzburg haben gut
sortierte Antikläden. Von Ende Juli bis
Ende August locken die Bamberger

Kunst- und Antiquitätenwochen
Sammler in die zahlreichen Geschäfte
am Fuß des Dombergs.

## NICHT VOR DEM ERSTEN
## ADVENT?

Wo Nürnberger Lebkuchen draufsteht,
ist Nürnberger Lebkuchen drin: Nur,
wenn er im Stadtgebiet gebacken
wurde, darf er das Label tragen. Am
besten kaufst du die Leckerei direkt
vor Ort in einem der Ganzjahresläden
in der Nähe des Hauptmarkts. Doch
spätestens ab September/Oktober bekommst du Lebkuchen überall in der
Stadt. Du hast die Qual der Wahl zwischen Lebkuchen als Kiloware, Lebku-
chenpaketen, Lebkuchendosen und
Lebkuchentruhen in allen Größen,
Ausführungen und Preisklassen. Ob
du mit dem Genuss bis zur Advents-
zeit wartest, wie es Traditionalisten
vorschlagen, oder ob du gleich
naschst, ist dir überlassen.

# SPORT

**Franken ist ein riesiger Abenteuerspielplatz! Der Adrenalinkick beim Klettern in der Fränkischen Schweiz, der Flow beim Bootswandern und das Lüftchen, das Paraglidern hoch oben im weiß-blauen Himmel um die Nase weht, sorgen für ultimative Glücksgefühle. Und auch mit festem Boden unter den Füßen kriegst du genügend Bewegung.**

### ANGELN
Wer gern am am Wasser sitzt und fette Beute an Land zieht, sollte sich Frankens Angelerlebnisse nicht durchs Netz gehen lassen. Vom *Ansbacher Anglerbund (Tel. 0981 8 68 03 | ang lerbund-ansbach.de)* erfährst du, wie du einen Fischerei- bzw. Gewässerschein bekommen kannst, aber auch die örtliche Touristinformation gibt Auskunft. Die Kunst mit der Fliege kannst du in der *Fliegenfischerschule Hammermühle (März–Okt. | ab 100 Euro | mobil 0172 6 63 94 00 | fliegen fischen-hammermuehle.de)* bei Winfried Kellermann in Waischenfeld in der Fränkischen Schweiz lernen.

### BEACHVOLLEYBALL
Zum Glück geht Beachvolleyball auch, wenn die Sportler mit Thermoshirts und -leggings bekleidet sind, denn die Temperaturen spielen in Franken nicht immer mit. Weil das Pritschen und Baggern dennoch Spaß macht, wächst auch die Zahl der Beachvolleyballplätze in Freibädern und Naherholungsgebieten ständig. Weil es sich fast wie am Strand anfühlt, ist ein Match im Fränkischen Seenland *(Infos beim Tourismusverband Fränkisches Seenland | Tel. 09831 50 01 20 | fraen kisches-seenland.de)* besonders cool.

### BOOTSWANDERN
Raus aus dem Alltag, rein in den Fluss: Werde zum Kapitän und lern auf einer

Gleitschirmflieger auf dem Hesselberg

Bootswanderung Franken aus einer besonders schönen Perspektive kennen. Hervorragend paddelt es sich z. B. auf der Saale von Bad Neustadt bis Hammelburg vorbei an Wäldern, Feldern und Schlössern im Naturpark Rhön. Infos gibt es vom *Verein Naturpark & Biosphärenreservat Bayerische Rhön e. V. (Tel. 09774 91 02 60 | naturpark-rhoen.de)*. Weil die Altmühl *(naturpark-altmuehltal.de/bootwandern)* so gemütlich dahinfließt, machen die Bootstouren dort der ganzen Familie Spaß. Auch der Main bietet Kanuwanderern eine hervorragende Infrastruktur. Auf dem Obermain zwischen Lichtenfels und Bamberg wurden im Rahmen des Projekts Flussparadies Franken *(flussparadies-franken.de)* zwölf Ein- und Ausstiegsstellen geschaffen und ausgeschildert. Für geübte Wasserwanderer ist der schiffbare Main zwischen Bamberg und Kitzingen eine spannende Herausforderung. Die „Gelbe Welle" markiert 24 vom Wasser aus gut sichtbare Ein-/Ausstiegsstellen.

### FLIEGEN

Ein Abenteuer, das wie im Flug vergehen wird: Viele Flugschulen erfüllen den Traum vom Fliegen und lassen dich gen Himmel lenken, z. B. die *Fliegerschule Wasserkuppe (Tel. 06654 3 64 | fliegerschule-wasserkuppe.de)*. Im Angebot sind Panoramaflüge *(ab 60 Euro)* sowie ein Schnuppertag *(250 Euro/3 Flüge)*. Wer sich als Paraglider in die Luft begeben möchte, bucht Schnupper- und Grundkurse (auch im Drachenfliegen) bei den *Rhöner Drachen- und Gleitschirmflugschulen Wasserkuppe GmbH (Tel. 06654 75 48 | wasserkuppe.com)*.

### KLETTERN ⚑

Senkrecht aufragende Felswände, Routen wie „Sautanz", „Stone Love",

„Wallstreet" und abenteuerliche Kletter- und Hochseilgärten bescheren ambitionierten Klettermaxen unvergessliche Erlebnisse und machen die Fränkische Schweiz zu einem der beliebtesten Abenteuerspielplätze Deutschlands. Seit mehr als 200 Jahren kraxeln Sportkletterer auf die teilweise bizarr geformten Kalkfelsen und überwinden Kanten, Überhänge, Risse und Kamine. Du kannst aus rund 800 Felsen und 12.000 Routen wählen. Wer sich absichern will, kontaktiert eine der Kletterschulen der Gegend, die Angebote für Anfänger und Profis haben. Das *Kletter-Infozentrum (kletterinfozentrum.de)* bei Obertrubach ist eine gute Adresse für alle, die viele Informationen zum Thema sammeln wollen. In Kletterparks wie in Pottenstein oder Betzenstein können bereits Kinder ab fünf Jahren Höhenluft schnuppern. Wer auch bei Schlechtwetter nicht auf sein Hobby verzichten will, geht in eine der bestens ausgestatteten Boulderhallen der Region, es gibt dort Angebote vom Kinder-Einsteigerkurs bis zu Routen auf höchstem Niveau. Weitere Infos: *frankentourismus.de/klettern*

## RADFAHREN

Main und Altmühl bestimmen den Weg: Die Touren entlang der Flüsse Frankens sind Klassiker, unterwegs durchquerst du malerische Landschaften und kommst in Städte wie Bayreuth, Bamberg, Würzburg, Aschaffenburg. Es gibt in Franken viele Radwege zu bestimmten Themen, etwa „Casanovas Ausritt" oder den „Ansbacher Karpfenradweg" – oder du strampelst von Burg zu Burg. Die markanten Landschaften der Fränkischen Schweiz und des Fichtelgebirges sind ein Paradies für Mountainbiker. Mehr darüber: *frankentourismus.de/radtouren*

## REITEN

Hoch die Hufe! In der Region gibt es zahllose pferdestarke Möglichkeiten für Reitanfänger und Profis, von Reitstunden und Kutschfahrten über Reiterferien hin zu geführten mehrtägigen Touren. Informationen zum Wanderreiten mit Übernachtungsmöglichkeiten für dich und dein Pferd findest du auf *wanderreiten-franken.de.*

## SKIFAHREN, LANGLAUFEN & RODELN

Ganz in Weiß zeigt sich das winterliche Franken im Fichtelgebirge und Frankenwald, aber auch in der Region Coburg-Rennsteig, im Steigerwald, in der Rhön und im Nürnberger Land. Überall dort warten Lifte und Pisten auf Skihasen und Snowboarder. Auch Langlaufen ist dort auf gespurten Loipen möglich, ebenso wie bei entsprechenden Schneebedingungen im Naturpark Altmühltal, in der Fränkischen Schweiz, im Fränkischen Seenland und in vielen anderen Gegenden. Für Rodelrutschpartien gibt es Schlittenhänge in der gesamten Region, etwa im Nürnberger Land oder im Fränkischen Seenland. *frankentourismus.de/wintersport*

## SUP, SEGELN & SURFEN

Willkommen an Bo(a)rd! Wenn du dir auf einem Surfbrett oder einem Segelboot den Wind um die Nase wehen lassen willst, fahr ins Fränkische Seenland. Ausgewiesene Surfufer findest du am Brombachsee, am Altmühlsee und am Igelsbachsee, ein Segelcenter gibt es z. B. am Südufer des Altmühlsees im *Seezentrum Wald (April–Okt. | Tel. 0170 5 30 52 94 | segel-center.de).*

## WANDERN

Die meisten der 40 000 Wanderwegskilometer bekommen auch Untrainierte gut hin. Etliche Wege wurden vom Deutschen Wanderverband prämiert. Zur Inspiration: Natur und Kultur genießt du z. B. auf dem Premiumwanderweg Hochrhöner von Bad Kissingen nach Bad Salzungen oder dem Altmühltal-Panoramaweg. Den Spuren von Fürsten, Fuhrleuten und Pilgern folgst du auf dem Spessartweg 1. Und der Schneewittchen-Wanderweg von Schloss Lohr nach Biebergemünd hat spätestens bei der verdienten Einkehr ein Happy End. Mehr Vorschläge für die 16 fränkischen Wandergebiete hält *frankentourismus.de/wandern* bereit.

Die Kalkfelsen der Fränkischen Schweiz fordern auch geübte Rockclimber heraus

# DIE REGIONEN
# IM ÜBERBLICK

Wo du beim Shoppen
auch an Schoppen
denkst

DEUTSCHLAND

Werra

Nidder

Brend

Sinn

Bad Kissingen

Schweinfurt

Aschaffenburg

UNTERFRANKEN S. 68

Main

Rhein

Würzburg

DEUTSCHLAND

Tauber

Rothenburg
ob d. Tauber

Neckar

Jagst

Römer, Rostbratwürste
und Romantik zu
Wasser und zu Land

30 km
18.64 mi

Neckar

**Wandern und Wallfahrt bei Hochkultur und Niedrig-Bierpreis**

Saale

Coburg

Hof

ČESKO

Main

Eger

Kulmbach

Itz

Weißer Main

Roter

Main

Bamberg

Bayreuth

Fichtelnaab

**OBERFRANKEN** S. 94

Rednitz

Aisch

Erlangen

Naab

Fürth

Nürnberg

DEUTSCHLAND

Schwabach

Main-Donau-Kanal

Ansbach

Altmühl

Gr. Brombachsee

**MITTELFRANKEN** S. 38

Donau

Lech

Donau

Isar

# MITTELFRANKEN

## ALLES AUSSER MITTELMÄSSIG

Mittelfranken befindet sich auf der Landkarte unter Ober- und Unterfranken – ist das logisch? Ja – wenn du den Lauf des Mains betrachtest. Oberfranken liegt am Oberlauf, Unterfranken am Unterlauf des Flusses und Mittelfranken dazwischen, wobei der Main hier gar nicht durchfließt.

Und wichtig: Die Region als mittelmäßig zu bezeichnen wäre falsch. Der Großraum Nürnberg kurbelt die Wirtschaft ganz Frankens an. Überhaupt ist die Metropolregion mit ihren 3,5 Mio. Menschen eine

Großstadtidyll: Weinstadel, Henkerturm und Henkersteg in Nürnberg

der wirtschaftsstärksten ganz Deutschlands. Mit dem Know-how aus dem hiesigen „Medical Valley" werden in Asien und Arabien komplette Kliniken gebaut. Man lebt in quirligen Städten, shoppt in originellen Läden und feiert in trendigen Clubs die Nächte durch. Wer arbeitet und feiert, muss für Bewegung sorgen, was bestens in den Wassersportgebieten des Fränkischen Seenlands südlich von Nürnberg klappt. Oder er muss relaxen, etwa im Steigerwald oder auf der Frankenhöhe mit ihren waldigen Mittelgebirgsgipfeln.

# MITTELFRANKEN

**10** Neustadt an der Aisch

B470

B8

56 km, 1 Std.

Langenzenn

**11** Bad Windsheim
**Fränkisches Freilandmuseum** ★

Cadolzburg **2**

B13

Uffenheim

A7

Burgbernheim

**Rothenburg ob der Tauber** ★
← S. 64

Colmberg
**23** Frankenhöhe

B14

Heilsbronn

Leutershausen

B13

**Ansbach**
S. 55

34 km, 35 Min.

Schillingsfürst

Neuendettelsau

A6

Windsbach

Herrieden

80 km, 5 Std.

**12** Wolframs-
Eschenbach

**14** Merkendorf

**22** Feuchtwangen

**15** Gunzenhausen

**13** Schlosspark
Dennenlohe

**21** Dinkelsbühl ★

**20** Hesselberg

Wassertrüdingen

BADEN-

A7

WÜRTTEMBERG

Oettingen in Bayern

Lauchheim

Bopfingen

Wemding

Baiersdorf

Betzenstein

Gräfenberg

Neunkirchen
am Brand

A3   A73

B2

9 Erlangen

Eckental

A9

Schnaittach

Heroldsberg

Hersbruck

8 Lauf an der Pegnitz

B14

Playmobil Funpark ★   1

Fürth   1

Röthenbach
an der Pegnitz

Nürnberg

S.42

Germanisches Nationalmuseum ★

Zirndorf   3

9 km
15 Min.

4 Carrera World

Dokumentationszentrum
Reichsparteitagsgelände ★

Roßtal

Stein   5

A6

Feucht

**MARCO POLO HIGHLIGHTS**

44 km, 25 Min.

Schwabach

Wendelstein

★ **FRÄNKISCHES SEENLAND**
Nichts für Warmduscher ist der
Wassersport auf sieben Seen ➤ S. 59

Rednitzhembach

Schwanstetten

★ **ALTMÜHLTAL**
Radeln, wandern, Kanu fahren an und
auf Bayerns langsamstem Fluss ➤ S. 61

Abenberg

7 Roth

Allersberg

★ **ROTHENBURG OB DER TAUBER**
Hier kannst du das Hochmittelalter
anfassen ➤ S. 64

6 Pflugsmühle

B2

A9

Spalt

Hilpoltstein

★ **PLAYMOBIL FUNPARK**
Vor Ritterburg und Piratenschiff wirst du
selbst zum Playmo-Männchen ➤ S. 52

**BAYERN**

16 Fränkisches Seenland ★   Heideck

★ **GERMANISCHES NATIONALMUSEUM**
Sammelsurium von der Frühzeit bis zur
Gegenwart inklusive Dürer und Behaim-
Globus ➤ S. 45

Brombachsee

Pleinfeld

Thalmässing

★ **DINKELSBÜHL**
Eine der am besten erhaltenen Altstädte
in Deutschland mit stolzen Fachwerkhäusern ➤ S. 62

Ellingen

17 Weißenburg

★ **DOKUMENTATIONSZENTRUM
REICHSPARTEITAGSGELÄNDE**
Wo früher die Nazis einmarschierten,
erfährst du heute, wie ein ganzes Volk
fanatisiert wurde ➤ S. 47

Treuchtlingen

B13

★ **FRÄNKISCHES FREILANDMUSEUM**
Früher war alles besser? Prüf es nach in
nehr als 100 Gebäuden ➤ S. 58

Pappenheim

Solnhofen   18

19 Eichstätt

Altmühltal ★

10 km

6.22 mi

# NÜRNBERG

(🗺 J–K6) **Wenn eine neue Hier-le-
ben-die-glücklichsten-Menschen-
Studie auftaucht, ist Nürnberg
(520 000 Ew.) in der Regel gut dabei.**
Erfreulich für die Bewohner von Bayerns zweitgrößter Stadt ist etwa, dass
das Preis-Leistungs-Verhältnis stimmt:
Hier kriegst du was fürs Geld. Das war
schon früher so: Im Hochmittelalter
war Nürnberg eine der reichsten und
größten Städte überhaupt, die Kaufleute feilschten mit Kollegen aus der
ganzen Welt. Glaubst du nicht? Dann
geh ins Zentrum, hier gibt es Beweise
für den Reichtum von damals: die
Stadtmauer mit den gewaltigen Türmen etwa. Die Burg, die mit Mauern,
Bergfried und spitzen Dächern für die
typische Nürnberg-Silhouette sorgt.
Die prächtigen Patrizierhäuser rund
um den Burgberg, in denen die Nürnberger Kaufleute des Mittelalters wie
Fürsten residierten. Leider fand das
gute Leben nicht immer statt: Im Na-

tionalsozialismus war Nürnberg Adolf
Hitlers „deutscheste unter den deutschen Städten". Hier hielt die NSDAP
ihre Reichsparteitage ab, hier verkün-
dete der Führer 1935 die Rassenge-
setze, die Nürnberger Gesetze hießen.
Im Justizpalast mussten sich Kriegs-
verbrecher wie Hermann Göring
1945–49 bei den Nürnberger Prozes-
sen verantworten. Nach dem Krieg
dauerte es, bis das völlig ausgebomb-
te Nürnberg wieder auferstanden war.

## SIGHTSEEING

### KAISERBURG 🚩
Von der Altstadt hast du einen tollen
Blick auf die Burg (11. Jh.) – und von
der Burg auf die Altstadt. Der Weg dazwischen ist steil. Atemberaubend
wird der Blick vom Wahrzeichen auf
die Stadt hinab, wenn du über hölzer-
ne Wendeltreppen auf den runden
*Sinwellturm* aus der zweiten Hälfte
des 13. Jhs. steigst. Nebenan, unter
dem riesigen Dach mit den vielen
Gauben, war früher die Kaiserstallung,
in die heute eine der größten Jugendherbergen Deutschlands eingezogen
ist. Im *Kaiserburgmuseum* sind Ge-
schütze, Hellebarden und Feuerwaf-
fen zu sehen. In der Kaiserburg residierten von 1050 bis 1571 alle
römisch-deutschen Kaiser – zumindest jeweils für eine gewisse Zeit. *April–Sept. tgl. 9–18, Okt.–März 10–
16 Uhr | Eintritt 7 Euro | Auf der
Burg 13 | ⏱ 2 h | 🗺 c2*

### BURGBERG ☂
Der Burgberg ist durchlöchert wie ein
Schweizer Käse. Der Sandstein im In-

**WOHIN ZUERST?**

Vom Hauptbahnhof aus kommst
du wie von selbst in der Men-
schenmasse über die Königstraße
zur **St.-Lorenz-Kirche.** Von dort
geht es weiter geradeaus über die
Pegnitz zum Hauptmarkt mit dem
**Schönen Brunnen** und dann die
Burgstraße bergauf zur **Kaiserburg.** Parken: im Parkhaus am
Sterntor schräg gegenüber dem
Hauptbahnhof.

NÜRNBERG

neren wurde bereits in frühen Zeiten mit Gängen durchzogen. Bis zu 15 m unter der Erde verläuft ein weit verzweigtes Felsenkellersystem, das zur Lagerung von Bier in den Stein gehauen wurde. Im Zweiten Weltkrieg fanden hier viele Menschen Schutz vor den Bombenangriffen, die auf Nürnberg geflogen wurden. Führungen bietet der Förderverein Nürnberger Felsengänge. Achtung, warm anziehen! In den Kellern hat es nur 10–14 Grad. *Mo–Fr 11, 13, 15, 17, Sa/So u. Mai–Okt. jede volle Stunde zwischen 10 und 17 Uhr | Eintritt 8,50 Euro | Bergstr. 19 | historische-felsen gaenge.de |* ⊙ *1,25 h |* 🗺 *c2*

## ALBRECHT-DÜRER-HAUS

Mit einer voluminösen Haube auf dem Kopf und einem dicken Schlüs-

selbund am Rock führt eine Schauspielerin als Agnes Dürer die Besucher durch die Gemächer. Sie plaudert dabei über ihre komplizierte Beziehung mit dem Renaissancekünstler Albrecht Dürer, den Alltag und das Arbeiten in Atelier und Haushalt und zeigt die vielen original gestalteten Stuben mit eisernen Kachelöfen und kunstvoll geschnitzten Möbeln sowie die rußige Küche. In der Werkstatt gibt es täglich Vorführungen, die Besucher dürfen mitmachen und einen frischen Dürer-Druck mitnehmen. *Di/Mi, Fr 10–17, Do 10–20, Sa/So 10–18 Uhr, zum Christkindlesmarkt auch Mo | Eintritt 6 Euro | Albrecht-Dürer-Str. 39 | museen. nuernberg.de/duererhaus |* ⊙ *1 h |* 🗺 *c2*

INSIDER-TIPP
**Drucken wie Dürer**

Die „Straße der Menschenrechte" führt zum Germanischen Nationalmuseum

## FEMBOHAUS

Das spätmittelalterliche Nürnberg vor der Zerstörung im Zweiten Weltkrieg siehst du im Dachgeschoss: Ein Stadtmodell aus dem Jahr 1939 zeigt im Maßstab 1:500 untermalt von Licht und Ton, wie prächtig die Metropole einst war. Fast 1000 Jahre Stadtgeschichte sind im Haus dank kostbarer Landkarten, Gemälde, einer Patrizierküche und vielen weiteren Exponaten nachzuerleben. *Di–Fr 10–17, Sa/So 10–18 Uhr | Eintritt 6 Euro | Burgstr. 15 | museen.nuernberg.de/fembo haus |* ⏱ *0,75 h |* ▥ *c2*

## SEBALDUSKIRCHE

Der hl. Sebaldus hat es nicht mehr eilig, und so verwundert es nur ein bisschen, dass Schnecken seinen Sarg in der ältesten Stadtkirche (um 1230) Nürnbergs tragen. Das Grabmonument samt Schnecken und zahllosen weiteren Figuren gilt als eines der wichtigsten Messingussswerke, die in Deutschland in der Übergangszeit von der Spätgotik zur Renaissance entstanden sind. Peter Vischer schuf es mit seinen Söhnen in elf Jahren (bis 1519). Albrecht Dürer (1471–1528) wurde in der Kirche getauft, 1501 entwarf er das „Bamberger Fenster" im Ostchor. *Tgl. Jan.–März 9.30–16, April–Dez. 9.30–18 Uhr | Albrecht-Dürer-Platz 1 | sebalduskirche.de |* ⏱ *0,5 h |* ▥ *c3*

## SPIELZEUGMUSEUM 👥

Kleine und große Zocker entdecken mittelalterliches Spielzeug aus Holz und Blech genauso wie die modernen

Klassiker Barbie, Lego und Bobby-Car. Während Mama und Papa das Myriorama – ein veränderbares Panorama, das ständig neue Landschaften zeigt – im Treppenhaus drehen, toben die Kinder im Spielebereich im Dachgeschoss, der lustigerweise „Kids on Top" heißt. *Di-Fr 10–17, Sa/So 10–18 Uhr | Eintritt 6 Euro, Kinder 1,50 Euro | Karlstr. 13–15 | museen.nuernberg.de/ spielzeugmuseum | ⏱ 2 h | ▥ c3*

## SCHÖNER BRUNNEN

Es ist wie die Suche nach der Nadel im Heuhaufen – aber wenn du den goldenen Messingring im Gitter des Schönen Brunnens (Ende 14. Jh.) auf dem Hauptmarkt entdeckst, solltest du ihn berühren und drehen. Der Legende nach hast du dann drei Wünsche frei. Drehst du ihn dreimal, dürfte sich der (potenzielle) Kinderwunsch erfüllen. Der Schöne Brunnen ist etwa 19 m hoch und wie eine gotische Kirchturmspitze geformt. *▥ c3*

## ST.-LORENZ-KIRCHE

Seit der Reformation ist die Lorenzkirche (um 1250) mit ihrer prächtigen steinernen Rosette fest in evangelisch-lutherischer Hand, wurde aber vom reformatorischen Bildersturm verschont. Daher schwebt Maria immer noch im Inneren mit dem Engel in einem Heiligenschein aus Engeln und Rosenblüten – der „Engelsgruß" (1518) von Veit Stoß (1447–1533) ist ein weltberühmtes Werk der Spätgotik. Wie ein Baum reckt sich das ebenso bedeutende Sakramentshaus empor (1496). Es wird von drei Figuren gestützt, in einer hat sich der Künstler

Adam Kraft (1460–1509) mit Hammer und Meißel kniend selbst dargestellt. *Mo-Mi, Fr/Sa 9–17.30, Do bis 19, So 10–15.30 Uhr (nicht bei Gottesdiensten) | Lorenzer Platz 1 | lorenzkirche. de | ⏱ 0,5 h | ▥ d4*

## NEUES MUSEUM – STAATLICHES MUSEUM FÜR KUNST UND DESIGN

Bereits die fast 100 m lange, geschwungene Glasfassade ist eine Schau und lässt dich im Unklaren darüber, was im Museum drin und was draußen ist. Doch ist es nicht frech, diese dramatische Architektur mitten ins historische Nürnberg zu pflanzen? Na ja, sieh selbst: Der Kontrast aus Alt und Neu ist faszinierend. Geh unbedingt rein, sonst verpasst du die originellen Möbel, witzigen Plakate und ausgesuchten Designs hinter diesem Super-Schaufenster. Drin stehen moderne Kunst und Design gleichberechtigt nebeneinander. *Di-So 10–18, Do bis 20 Uhr | Eintritt 5 Euro | Klarissenplatz | nmn.de | ⏱ 2 h | ▥ d5*

## GERMANISCHES NATIONALMUSEUM ⭐

Gefühlt alles, was zur Kulturgeschichte des deutschen Sprachraums gehört, ist in diesem Museum zusammengetragen: Es gibt einen Saal mit Schwertern, Schilden und Rüstungen für Mensch und Pferd, historische Musikinstrumente, vieles von Albrecht Dürer – und mit dem Behaim-Globus (1492–94) die älteste erhaltene Darstellung des Erdballs als Kugel, auf dem der amerikanische Kontinent fehlt. In der 🎎 Spielzeugabteilung in einem Nebengebäude, einem 1910 errichteten ehemaligen Kinderheim, sind bis zu 2,50 m hohe Puppenhäuser aus dem 17. Jh. zu sehen. Sie dienten nicht wie Playmobil-Häuser von heute zum Spielen, sondern demonstrierten Mädchen aus gutem Hause, wie ein stattlicher Haushalt aussieht.

**INSIDER-TIPP Mit der Taschenlampe durchs Museum** Wer sich beim Pförtner eine Taschenlampe leiht und damit in die Häuser leuchtet, erkennt die Details vom Zinnteller bis zum Gästehandtuch besser. Ein Besuch reicht nicht aus, um das Museum komplett zu sehen. *Di–So 10–18, Mi bis 21 Uhr | Eintritt 8 Euro, Kinder 5 Euro, ☛ Mi ab 18 Uhr Eintritt frei | Kartäusergasse 1 | gnm.de | ⏱ 3–5 h | ▯ c5*

## DB-MUSEUM NÜRNBERG ☻

Aus der Bahn! Nachwuchsschaffner düsen in der Lilliputbahn des Kinderlands durch Miniaturtunnel und über Brücken und steuern Spielzeugzüge. Durch Simulationen, Modellanlagen und Exponate zum Anfassen sind auch für erwachsene Eisenbahnfans die Weichen für einen phantastischen Museumsbesuch gestellt. Der legendäre „Adler", eine Lok mit wuchtigen Rädern, fassähnlicher Schnauze und einem Schornstein, der wie eine Trompete in die Luft pustet, ist eins der Vorzeigestücke des Hauses. Er ist die erste Dampflok, die in Deutschland auf Schienen fuhr, 1835, von Nürnberg nach Fürth. Im Rahmen einer Führung ist es möglich, Cowboy zu spielen und auf dem Freigelände wie im Wilden Westen Handhebel-Draisine zu fahren *(April–Okt. | 20 Euro). Di–Fr 9–17, Sa/So 10–18 Uhr | Eintritt 6 Euro, Kinder 3 Euro | Lessingstr. 6 | dbmuseum.de | ⏱ 2,5 h | ▯ c6*

## EHEKARUSSELLBRUNNEN

Unmittelbar am Weißen Turm wogen Brüste, glotzen Kröten und ringen Gerippe – der riesige Ehekarussellbrunnen aus Bronze und Marmor von 1984 zeigt drastisch und komisch zugleich, wie sich der Künstler Jürgen Weber den Weg zwischen Jawort und Tod vorstellt. Inspiriert wurde er von einem Gedicht des Meistersingers Hans Sachs. ▯ b4–5

## NICOLAUS-COPERNICUS-PLANETARIUM ☂☻

Weißt du, wie viel Sternlein stehen? Nach dem Besuch einer Veranstaltung im Planetarium dürfte es dir weitgehend klar sein! Mit viel Multimedia erklärt etwa Professor Photon den Sternenhimmel. Kinder schlüpfen in die Rolle von Weltraumpolizisten und suchen mit den Kobolden Plani und Wuschel nach verschwundenen Sternen oder verfolgen „Peterchens Mondfahrt". *Eintritt 7,50 Euro, Kinder 5 Euro | Am Plärrer 41 | Programmtel. 0911 92965 | planetarium-nuernberg.de | ⏱ 1,25 h | ▯ 0*

## TIERGARTEN ☻

Delphine schießen durchs Wasser, während afrikanische Löwen neben Sibirischen Tigern in zerklüfteten Felslandschaften dösen. Einer der schönsten deutschen Landschaftszoos zeigt auf 70 ha Fläche über 2500 Tiere in natürlich gestalteten Gehegen, darunter die Delphinlagune, die erste Außenanlage für Delphine in Deutschland. Besonders beliebt bei Besuchern sind die Vorführungen im Delphinarium, die täglich um 11, 14 und 16 Uhr stattfinden. *Ende März–Anf. Okt. tgl. 8–19.30, Anf. Okt.–Ende März 9–18 Uhr | Eintritt 16 Euro, Kinder 7,70 Euro, Jugendliche (14–17 J.) 12 Euro | Am Tiergarten 30 | tiergarten. nuernberg.de | ⏲ 4–6 h | ▥ 0*

## DOKUMENTATIONSZENTRUM REICHSPARTEITAGSGELÄNDE ★

Erklärungsversuche für die Faszination, die Reichsparteitage haben konnten, und die verbrecherische Machtausübung durch die Nationalsozialisten sind die Themen der Dauerausstellung „Faszination und Ge-

walt' im hufeisenförmigen Riesenbau des Parteitagsgeländes. Der Besucher bekommt Infos zur Geschichte des Geländes, das den Machtanspruch des NS-Regimes demonstrieren sollte. Zusätzlich gibt es wechselnde Ausstellungen zum Dritten Reich. *Mo–Fr 9–18, Sa/So 10–18 Uhr | Eintritt 6 Euro | Bayernstr. 110 | museen.nuernberg.de/ dokuzentrum | ⏲ 2 h | ▥ 0*

## MEMORIUM NÜRNBERGER PROZESSE

Im Schwurgerichtssaal des Justizpalasts mussten sich 1945/46 führende Vertreter des NS-Regimes verantworten. Am Originalschauplatz macht das Memorium die Nürnberger Prozesse in einer Ausstellung durch Teile der originalen Anklagebank sowie Ton- und Filmdokumente anschaulich. Bis heute wird im berühmten Saal 600 über Recht und Unrecht entschieden.

Das Dokuzentrum informiert über die Zeit des Nationalsozialismus in Nürnberg

Der Besuch einer Cocktailbar ist nur eine Möglichkeit im Nürnberger Nachtleben

An verhandlungsfreien Tagen kann man einen Blick hineinwerfen. *Mo, Mi–Fr 9–18, Sa/So 10–18 Uhr | Eintritt 6 Euro | Bärenschanzstr. 72 | memorium-nuernberg.de | ⌂ 0*

### ESSEN & TRINKEN

### ESSIGBRÄTLEIN

Du musst an der Glocke ziehen, um Einlass ins kleine Restaurant im schmalen Fachwerkhaus zu kriegen. Mit zwei Michelin-Sternen zählt es zu den besten in Deutschland. Inmitten dunkler Holzvertäfelung bekommst du schwerpunktmäßig exquisite Gemüsegerichte aufgetischt. *So/Mo geschl. | Weinmarkt 3 | Tel. 0911 22 51 31 | €€€ | ⌂ c3*

### ENGELHARDTS

Den Schärfegrad deines Gerichts kannst du beim Bestellen selbst wählen. Unterhalb der Burg kommt im Fachwerkhaus mit rund 40 Plätzen feinste thailändische Küche auf den Tisch, alles in Bioqualität. *Nur abends, So geschl. | Irrerstr. 9 | Tel. 0911 20 33 02 | engelhardts-nuernberg.de | €€–€€€ | ⌂ c3*

### KATZENTEMPEL

Miau und herzlich willkommen im ersten Katzencafé Deutschlands! Während du köstliche vegane Gerichte, Frühstück oder Kuchen isst, darfst du bei gegenseitiger Sympathie eine Katze auf dem Schoß haben. Sechs Tiere, von Ayla bis Saphira, freuen sich, wenn die Gäste mit ihnen spielen – und wenn sie sich nicht mehr freuen, können sie sich in ihre Privatgemächer zurückziehen. *Tgl. | Peter-Vischer-Str. 21 | Tel. 0911 71 55 52 25 | katzentempel.de | €–€€ | ⌂ d4*

**INSIDER-TIPP**
**Schnurren inklusive**

### KOBO KITCHEN

Früher gab es etwa die „Korean Bowl" mit raffiniert mariniertem Rindfleisch, Reis, Lauchzwiebeln und einem Spiegelei als Topping nur vom Foodtruck aus, dessen Fahrplan den Fans der koreanischen Köstlichkeiten nicht immer klar war. Inzwischen hat KoBo Kitchen einen festen Parkplatz an der „HeyHey Bar". Streetfood auf asiatische Art ist noch immer im Angebot, du verputzt es an hohen Bartischen. *Mo, So-Mittag geschl. | Klaragasse 24 | Tel. 0911 1 30 19 86 | € | ⌂ d5*

### ZUM GULDEN STERN ⚑

Bratwürste wie anno dazumal: In der ältesten Bratwurstküche der Stadt (1419) werden sie als kleine Kunstwerke auf Zinntellern serviert. *Tgl. | Zirkelschmiedsgasse 26 | Tel. 0911 2 05 92 88 | bratwurstkueche.de | € | ⌂ b5*

## SHOPPEN

Liebhaber individueller Kostbarkeiten bummeln im ehemaligen Arbeiterviertel *Gostenhof (in-goho.de)* nördlich der Altstadt, das die Bürger gern mit dem New Yorker Szenestadtteil Soho vergleichen und „Goho" nennen. Zwischen türkischen Gemüsegeschäften und Cafés schlenderst du vom Papeterie-Laden über eine Glücksboutique zum Toskana-Geschäft.

Zum ☞ *Trempelmarkt (2. Wochenende im Mai und Sept. Fr 16–24, Sa 7–20 Uhr)*, Deutschlands größtem Flohmarkt, stellen bis zu 4000 Verkäufer, Profis wie Privatleute, ihre Tische in der ganzen Nürnberger Altstadt auf.

### BLOND! MADE IN NÜRNBERG

Die Nürnbergerin Kerstin Bauer steckt hinter „Blond! Made in Nürnberg". Die Mutter von vier Kindern hatte irgendwann im heimischen Schlafzimmer begonnen, selbst die Klamotten für ihre Rasselbande zu nähen. Und weil das nicht nur den eigenen Kids gefiel, versorgte sie auch andere. Inzwischen hat sie längst ihr eigenes Label und ein einzigartiges Sortiment an fairen, ökologisch und in Nürnberg hergestellten Kinderklamotten beisammen – und, was Mama besonders freut, auch immer öfter Erwachsenen-

kleidung im Laden, wie eine kunterbunte Auswahl an Drehröcken oder Joggern. *Vordere Ledergasse 12 | madeinnuernberg.de | ⌂ b4*

### HANDWERKERHOF NÜRNBERG

Wer will fleißige Handwerker sehn? Der muss in den Handwerkerhof gehen! Im Schutz der Stadtmauer schuften in den Werkstätten und Läden Handwerker, als hätte es die Industrialisierung nie gegeben. Es ist eine Zeitreise ins Mittelalter, vom Blechspielzeugladen bis zur Zinngießerei ist alles da. Mit etwas Glück kannst du dem Lebküchner oder der Töpferin bei der Arbeit zuschauen und die schönsten Produkte kaufen.

**INSIDER-TIPP Shoppen wie im Mittelalter**

*März–Dez. Mo–Sa 9–22, Ladengeschäfte Mo–Fr 10–18.30, Sa 10–16 Uhr | Königstor | handwerkerhof.de | ⌂ d5*

## SPORT & SPASS

### STAND-UP-PADDLING

Alles im Fluss? Beim Stand-up-Paddling bestimmt: Wenn du im Testcenter der *Boardnerds (Mühlhofer Hauptstr. 7 | boardnerds.de)* Brett und Paddel mietest *(ab 15 Euro)*, lernst du darauf den Rednitzabschnitt im Stadtteil Mühlhof kennen. Anfänger können einen Kurs buchen.

## AUSGEHEN & FEIERN

Ein beliebtes Ausgehviertel ist die Gegend unterhalb der *Burg*, in der *Weißgerbergasse* gibt es Pubs und Bars in alten Fachwerkhäusern.

## HIRSCH

Der Platzhirsch in der Nürnberger Musikclubszenerie. Er bestimmt in einer alten Fabrikhalle mit 300 Veranstaltungen im Jahr die Konzert- und Ausgehszene der Stadt entscheidend mit, hier geben sich Stars aus Hip-Hop, Rock und, weiß der Geier, wer sonst noch die Klinke in die Hand. *Vogelweiherstr. 66 | der-hirsch.de | 🚇 0*

## NÜRNBERGER MARIONETTEN-THEATER 👐

Nürnbergs Strippenzieher lassen die Puppen nicht nur für Kinder tanzen: Neben Stücken wie „Hänsel und Gretel" und „Der gestiefelte Kater" steht auch immer wieder „Dr. Faust" auf dem Spielplan. *Apollotempel im Cramer-Klett-Park | nuernberger-marionettentheater.de | 🚇 0*

## RESI

Früher wurde in den Werkhallen Margarine hergestellt, jetzt sieht es nur noch nach Margarine aus, wenn sich jemand die Haare allzu pomadig gestylt hat: Im denkmalgeschützten Klingenhofer Resi-Komplex macht sich auf rund 4000 m$^2$ und drei Arealen eine der größten Diskos Bayerns breit. *Do ab 19.30, Fr/Sa ab 22 Uhr | Klingenhofstr. 56 | resixxl.de | 🚇 0*

## KUNSTKULTURQUARTIER

Konglomerat von Institutionen wie der Kunsthalle, dem Künstlerhaus, dem Filmhaus u. a. Täglich wird an mindestens einer der Locations Kultur mit Anspruch geboten und manchmal auch eine wilde Ü-30-Party. *kunstkulturquartier.de | 🚇 e5*

# RUND UM NÜRNBERG

## 1 FÜRTH

*9 km / 15 Min. von Nürnberg mit der U-Bahn*

Fürth oder Florenz? Worum es sich handelt, ist nicht in jeder Ecke der Stadt (127 000 Ew.) ersichtlich, denn zumindest das *Rathaus* mit seinem hohen Turm ist ein Nachbau des toskanischen Palazzo Vecchio. Hübsch anzusehen sind auch das neobarocke *Stadttheater,* das eines der schönsten Bayerns sein dürfte, und das klassizistische *Schloss Burgfarrnbach* mit englischem Park. Der *Grüne Markt* ist der Hauptplatz der Altstadt – ein atmosphärischer Ort aufgrund der Fachwerkbauten, Sandsteinhäuser und dem Gauklerbrunnen mit mehreren Figuren. Im Wiesengrund unterhalb des Hauptfriedhofs fließen Rednitz und Pegnitz zusammen und bilden die Regnitz. Die Stelle erreichst du am besten von der Altstadt aus. Fürth wird oft „Kleeblattstadt" genannt – wegen des Kleeblatts im Wappen.

Die Rivalität zu Nürnberg ist groß. Inzwischen gehen beide Städte ineinander über, verbunden sind sie schon lange: 1835 fuhr der „Adler", die erste deutsche Eisenbahn, von Nürnberg nach Fürth. Einblick in die Geschichte der jüdischen Gemeinde, die Fürth stark geprägt hat, gibt das *Jüdische Museum (Di–So 10–17 Uhr | Eintritt 6 Euro | Königstr. 89 | juedisches-museum.org | ⏱ 1 h),* ein altes Steinhaus in Rathausnähe. Das Haus ist bestens

Grabsteine auf dem Alten Jüdischen Friedhof zeugen von Fürths jüdischer Vergangenheit

ausgestattet mit historischer Laubhütte und Ritualbad. Bei Führungen *(Infotel. 0911 2 39 58 70)* kann der *Alte Jüdische Friedhof* (1607–1936) als drittgrößter seiner Art in Deutschland besucht werden. Rund 20 000 Menschen wurden hier begraben, nach den Schändungen im Dritten Reich sind nur noch rund 6500 Grabsteine vorhanden. Es ist kein Blumenschmuck zu sehen, wie es die jüdische Tradition will.

Ein Muss für Menschen, die beim Anblick alter Jukeboxen, Radios und Werbeplakate nostalgisch werden, ist das *Rundfunkmuseum (Di–Fr 12–17, letzter Do im Monat bis 22, Sa/So 10–17 Uhr | Eintritt 4 Euro | Kurgartenstr. 37a | rundfunkmuseum.fuerth.de | ⊙ 1 h)* in der alten Grundig-Direktion.

**INSIDER-TIPP**
**Elvis lebt!**
Bedien die Jukebox und lass Schnulzen des Königs des Rock 'n' Roll herauswummern.

Feierabendmusik hörst du in den Kneipen in der *Gustavstraße*. Eine Institution ist die 🎭 *Comödie Fürth (Helmplatz 1 | Tel. 0911 7 49 34 27 | comoedie.de),* in der die deutschlandweit bekannten Lokalmatadoren Volker Heißmann und Martin Rassau alias „Waltraud und Mariechen" regelmäßig Kollegen wie Django Asül oder Ingo Appelt auf die Bühne bitten. Das *Fürthermare (tgl. 10–23 Uhr | Eintritt ab 9 Euro | Scherbsgraben 15 | fuer thermare.de)* lockt mit Sport-, Spaß- und Wellnessangeboten auf fast 12 000 m², das Heilwasser der Therme enthält viele Minerale. *⊞ J6*

## 2 CADOLZBURG 👥

*22 km/30 Min. von Nürnberg mit dem Auto*

Die Cadolzburg ist ein „Burgerlebnismuseum", in dem du unter dem Motto „HerrschaftsZeiten! Erlebnis Cadolzburg" via VR-Brille zu einer Zeitreise aufbrechen kannst: Beim „Virtual Reality Experience" erlebst du hautnah ein spätmittelalterliches Ritterturnier. Insgesamt wird der Alltag einer Burg multimedial nachvollziehbar, vom Essen übers Kämpfen und Jagen hin zum Schlafen. Du siehst den Burghof, den Speisesaal, eine Kapelle, eine Küche, eine Folterkammer und natürlich Schwerter, Streitkolben, Äxte, Hellebarden und Schilde. *April–Sept. tgl. 9–18, Okt.–März Di–So 10–16 Uhr | 7 Euro, Kinder Eintritt frei | burgcadolzburg.de | ⏱ 2 h | 🗺 J6*

**INSIDER-TIPP**
**Zeitreise ins Mittelalter**

### 🔟 ZIRNDORF ⚑

*12 km/20 Min. von Nürnberg mit dem Auto*

Viele fahren achtlos am bezaubernden Ortskern Zirndorfs (25 400 Ew.) mit seinen Fachwerk-, Backstein- und Sandsteingebäuden und der Stadtpfarrkirche *St. Rochus* aus dem 14. Jh. vorbei – immerhin soll es zum

⭐ 👥 *Playmobil Funpark (Mai–Ende der bay. Sommerferien tgl. 9–19 Uhr, sonst eingeschränkt | Eintritt ab 3 J. 12,90, Nebensaison günstiger | Brandstätterstr. 2–10 | playmobil-funpark. de | ⏱ 6 h)* gehen. Fans der 7,5 cm großen Kunststoffmännchen können dort nach Herzenslust mit den Helden aus den Kinderzimmern spielen. In überlebensgroßen Kulissennachbauten der Playmobil-Spielewelten wie dem Piratenschiff oder der Ritterburg wirst du gefühlt selbst zum Playmobil-Männchen. Halt Ausschau nach der „Männchen-Mach-Maschine", die an verschiedenen Stellen im Park aufgebaut sein kann: Dort kannst du nach deinen Vorstellungen eine eigene Playmobil-Figur zusammenbauen. Bei schlechtem Wetter ist es genauso gut, im großen Indoor-Bereich mit Playmobil-Spielsachen in die Themenwelten einzutauchen.

**INSIDER-TIPP**
**Männchen machen**

Nicht zu übersehen: Bei Faber-Castell in Stein wurden und werden Bleistifte hergestellt

Dass das erste Spielzeug aus Zirndorf nicht aus Plastik war, erfährst du im *Städtischen Museum (Di–So 11–16 Uhr | Eintritt 3 Euro | ⏱ 1,5 h)* an der Spitalstraße 2. Vor dem Ersten Weltkrieg war der Ort ein bedeutendes Zentrum der Blechspielindustrie, was an originellen Exponaten wie Brummkreiseln und der Trudelmadam zu sehen ist, deren Rock beim Drehen schwingt. Im ersten Stock ein anderes Thema: Zirndorf war Schauplatz im Dreißigjährigen Krieg; im Museum wird anschaulich von der Wallensteinschlacht von 1632 berichtet. ▥ *J6*

## ❹ CARRERA WORLD 👯

*10 km / 25 Min. von Nürnberg mit dem Auto*

Für Fans von heißen Reifen: Auf über 2200 m² gibt es spektakuläre Rennbahnen, große und kleine PS-Junkies jagen Spielzeugautos durch Steilkurven und Loopings und lassen Heli- und Quadrokopter abheben. *Mi–Fr*

*14–20, Sa 10–22, So 10–18 Uhr | Eintritt 10 Euro/30 Min. | Oberasbacher Str. 20 | Oberasbach | carrera-world. com | ⏱ 1,5 h | ▥ J6*

## ❺ STEIN

*8 km / 15 Min. von Nürnberg mit dem Auto*

Spitze: Bleistifte direkt vom Erzeuger kriegst du im Städtchen Stein (14 000 Ew.) vor den Toren Nürnbergs. Der Ort ist geprägt von der Industrie rund um die gute Mine. Wie komplex es ist, einen Blei- oder Buntstift herzustellen, erfährst du im alten Werk der Firma Faber-Castell an der Rednitz, im *Museum Alte Mine (3. So im Monat 11–17 Uhr und nach Vereinbarung | Eintritt 4,50 Euro | Mühlstr. 2 | Tel. 0911 88 19 91 08 | ⏱ 1 h).* Zum Komplex gehört auch das im Stil der Neorenaissance und der Neoromanik erbaute *Schloss Stein (nur nach Vereinbarung | Eintritt 7 Euro | Nürnberger Str. 2 | Tel. 0911 88 19 91 08 | ⏱ 1,5 h).* Dort brachte von 1946 bis 48 das Who's Who der internationalen Literaturszene seine Stifte zum Glühen: Ernest Hemingway (1899–1961), John Dos Passos (1896–1970) und andere weltberühmte Schriftsteller waren während der Nürnberger Prozesse im dortigen Pressecamp untergebracht. ▥ *J6*

## ❻ PFLUGSMÜHLE 👯

*43 km / 40 Min. von Nürnberg mit dem Auto*

Die Pflugsmühle bei Abenberg bietet sich als Biergarten- und Funsport-Ausflugsziel inklusive Buggyfahren, Minigolfspielen und Reiten für die ganze

Familie an. Wer mal den Golfschläger schwingen will und mindestens zehn Jahre alt ist, kann dies auf einer 18 Bahnen langen Swingolf-Anlage tun. *Bei schönem Wetter tgl. ab 10 Uhr | Attraktionen 4,50–10 Euro, Kinder 3,50–8 Euro | pflugsmuehle.com | J7*

## 7 ROTH

*31 km/25 Min. von Nürnberg mit dem Auto*

Blues, bis der Arzt kommt: Die Industriestadt (25 250 Ew.) ist berühmt für die *Rother Bluestage,* die Anfang April internationale Stars der Blues-, Funk- und Gospelszene anzieht. Schönstes Bauwerk der Stadt ist *Schloss Ratibor (Ostern–Nov. Di–So 13–17 Uhr | Eintritt 3 Euro | Hauptstr. 1 | stadt-roth.de | 0,75 h),* in dem du Prunksaal, Musikzimmer und Speisesaal früherer Schlossherren besichtigen kannst.

Der idyllische *Mühlenweg,* ein ausgeschilderter Rundwanderweg, verbindet 17 Mühlen und einige Gasthöfe um Roth. *J7*

## 8 LAUF AN DER PEGNITZ

*17 km/25 Min. von Nürnberg mit dem Auto*

Der Marktplatz der alten Industriestadt (26 000 Ew.) mit seinen hübschen Fachwerkhäusern war einmal Teil einer Handelsroute. Die Goldene Straße von Nürnberg nach Prag führte durch die beiden Stadttore an den Marktplatzenden. Mitten durch Lauf rauscht die Pegnitz, die hier ihr stärkstes Gefälle hat, was die zahlreichen Mühlen in und um die Stadt erklärt. Bis ins 20. Jh. waren diese in Betrieb.

Uriges Fachwerk, einen offenen Kamin und urfränkische Gerichte bietet das *Wirtshaus Zwinger Melber (Mo geschl. | Hersbrucker Str. 1 | Tel. 09123 98 32 14 | zwinger-melber.de | €–€€).* K5

## 9 ERLANGEN

*21 km/25 Min. von Nürnberg mit dem Zug*

Erlangen (111 000 Ew., davon 39 000 Studenten) wurde im 17. Jh. als barocke Idealstadt auf dem Reißbrett mit parallel verlaufenden Straßen und rechtwinkligen Plätzen von Grund auf neu errichtet. Die quirlige Unistadt steht mit dieser streng geometrischen Anordnung und vielen Häusern schön da, hat aber im Gegensatz zu Restfranken keine verwinkelten Gässchen aufzuweisen. Hier herrschen dafür Idealbedingungen für Fahrradfahrer, selbst der Banker mit seinem Köfferchen ist auf dem Drahtesel unterwegs. Auch abends empfiehlt es sich, besser das Rad als das Auto zu nehmen, immerhin verführen zahllose Bars und Kneipen zum einen oder anderen Drink.

Im *Botanischen Garten (Sept.–Mai tgl. 8–16, Juni–Aug. bis 17.30 Uhr | Eintritt frei | botanischer-garten.uni-erlangen.de)* entdeckst du in den insgesamt etwa 1700 m² großen Gewächshäusern Pflanzen aus den Tropen und Subtropen, außerdem gehst du durch japanische Tore, siehst Fische – und gelangst im Südwesten des Gartens zur *Neischl-Höhle (April–Sept. So 14–16 Uhr),* einer künstliche Tropfsteinhöhlenwelt mitten in der Stadt. Gleich nebenan liegt der *Schlossgarten,* der, 1706 entworfen, eine der frühesten barocken Gartenanlagen Frankens ist. Im Ostteil wurde er zwischen 1786 und 1826 in einen englischen Landschaftsgarten verwandelt. 🗺 *J5*

# ANSBACH

(🗺 *H6*) **Ansbach (41 000 Ew.) fühlt sich an, als wären die Hohenzollern noch in der Stadt: Ein herrschaftlicher Prachtbau aus Rokoko oder Barock liegt neben dem anderen, dazwischen die großen Kirchen St. Gumbertus und St. Johannis.**

Der letzte Markgraf ist zwar schon seit 1791 weg, dennoch wirken die Spuren frisch. Keine verwertbaren Beweise gibt es indes für den Mord am rätselhaften Findling Kaspar Hauser, an den ein Gedenkstein am Tatort, dem ansonsten so herrlichen französischbarocken Hofgarten, erinnert.

Barock, aber nicht überladen gesta teten die Markgrafen St. Gumbertus

## SIGHTSEEING

### SYNAGOGE

Von außen sollte die Synagoge nicht als solche zu erkennen sein: Das verlangte der Markgraf, bevor er dem Bau (1744–46) zustimmte. Innendrin aber wurde sie zum architektonischen Kleinod. Glück ist, dass dies in der Reichskristallnacht nicht in Feuer aufging, was wohl aus Rücksicht auf die Nachbarhäuser geschah, die Nicht-Juden gehörten. Die Synagoge ist heute Museum statt Gotteshaus, eine Besichtigung ist bei einer Führung *(1 Euro | Mai–Sept. 2. u. 4. So im Monat 15–17 Uhr oder n. V.)* möglich. *Rosenbadstr. 3 | synagoge-ansbach.de | info@synagoge-ansbach.de |* ⏱ *0,5 h*

### ST.-GUMBERTUS-KIRCHE

Gruselig ist es schon, in die fürstliche Gruft von St. Gumbertus (11. Jh.) hinabzusteigen: Dort liegen in 25 teils prächtigen Sarkophagen die sterblichen Überreste der Ansbacher Markgrafen (Besichtigung nur im Rahmen einer Führung möglich). Zarte Gemüter bleiben lieber im hellen, in Türkis gehaltenen, eleganten Kirchenraum und besichtigen von dort die Schwanenritterkapelle mit dem wertvollen „Kelterbild" aus der Schule Albrecht Dürers und die stuckverzierte Wiegleborgel (1736–39). *Johann-Sebas-*

tian-Bach-Platz 5 | gumbertus.de | ⏱ 0,5 h

## MARKGRAFENMUSEUM 🎯

Ein verwirrter Junge taucht Pfingsten 1828 in Nürnberg auf, er gibt seltsame Laute von sich. Mit zitternder Hand schreibt er seinen Namen: Kaspar Hauser. Aber wer ist er? Ein Scharlatan oder ein unbekannter badischer Prinz? 1833 wird Hauser im Ansbacher Hofgarten ermordet, noch heute rätseln die Menschen über die Umstände, etwa in der kriminell guten Kaspar-Hauser-Abteilung des Museums. In den anderen Abteilungen erfährst du vieles über die Zeit der Markgrafen und über berühmte Ansbacher wie den Dichter Platen. *Mai–Sept. tgl. 10–17 Uhr, Okt.–April Mo geschl. | Eintritt 3,50 Euro | Kaspar-Hauser-Platz 1 |* ⏱ *1,5 h*

## MARKGRÄFLICHE RESIDENZ

Big Brother steht in Ansbach vor der Residenz und tarnt sich als dreiäugiges Pferd: Das „Anscavallo", wie das von Jürgen Goertz geschaffene, bronzene Wahrzeichen der Stadt heißt, blickt mit zwei Augen nach vorne und beobachtet mit einem dritten seit 1993 das Geschehen in der Residenz. Was es nicht sieht: die 27 Prunkräume im Inneren, etwa den zweigeschossigen Festsaal mit Deckenfresko. *April–Sept. Di–So 9–18, Okt.–März Di–So 10–16 Uhr | Eintritt 4,50 Euro | Promenade 27 | short.travel/frk11 |* ⏱ *1,5 h*

## ORANGERIE UND HOFGARTEN

Wie ein König im Urlaub fühlt sich, wer im Hofgarten und vorbei an der lang gestreckten, schlossartigen Orangerie spaziert. Die Schmuckbeete sind nach barocken Musterbüchern mit historischen Blumen bepflanzt, im Sommer kitzelt der Duft von 150 Zitronen-, Granatapfel-, Oliven-, Lorbeer- und Erdbeerbäumen, die auf dem Vorplatz in Kübeln blühen, die Nase. Ein Eisbecher im Café *(Mo geschl. | orangerie-ansbach.de)* macht das royale Urlaubsgefühl perfekt.

## ESSEN & TRINKEN

### PICCOLO MONDO

Was die Pizzabäcker aus dem Holzofen holen, bekommst du sonst nur in Bella Italia serviert. Mit besonders dünnem, knusprigem Boden und frischen Zutaten obendrauf beeindruckt die Pizza selbst Feinschmecker. Dazu gibt's im Fachwerkhaus aus dem 18. Jh. erlesenen Wein. *Nur abends, Mo geschl. | Büttenstr. 16 | Tel. 0981 9 72 24 06 | italiener-ansabch.de | €€*

### LANDGASTHOF KAESSER

Wenn dir fränkische Klöße zu wuchtig sind, bestellst du hier fränkische Klößchensuppe. Ansonsten gibt es keine Kompromisse bei regionalen Spezialitäten wie Forellen, Karpfen und Fleisch – aber auch bei vegetarischen Gerichten. *Sa geschl. | Brodswinden 102 | Tel. 0981 97 01 80 | landgasthof-kaesser.de | €*

## SPORT & SPASS

Es strampelt sich hervorragend auf den Radwegen um Ansbach. Ohne große Steigungen geht es 10 km über

Herrieden bis nach Bechhofen. Ziel ist der idyllische Krummweiher als Tipp für alle, denen es an den fünf Badeseen des Fränkischen Seenlands zu turbulent ist. Nicht umsonst wird dieses Idyll als „die Riviera" bezeichnet. Am Kiosk schmeckt selbst gebackener Kuchen.

## AUSGEHEN & FEIERN

### CAFÉ PRINZREGENT

Ein Hofknicks ist im „Prinz" nicht angemessen, vielmehr ist Headbanging angesagt, jedenfalls wenn im beliebten Pub gerade ein Metal- oder Rockkonzert steigt. Wer im Sommer einen Grill reserviert, darf Steaks, Würstchen und Gemüse mitbringen und sich sein Abendessen selbst brutzeln. *April– Sept. ab 18, Okt.–März ab 19 Uhr | Würzburger Landstr. 5*

**INSIDER-TIPP**
**Bring your own!**

# RUND UM ANSBACH

### 10 NEUSTADT AN DER AISCH

*38 km / 40 Min. von Ansbach mit dem Auto*

Jeden Mittag Punkt zwölf wird in Neustadt an der Aisch (13 000 Ew.) gemeckert: Ein hölzerner Geißbock dreht sich dann auf dem Turm des barocken Rathauses und erinnert an eine Sage, nach der ein in das Fell des Tiers eingenähter Schneider die Stadt vor Belagerern gerettet haben soll. Auch die Stadtmauer mit malerischen Türmchen hilft dir, dir das mittelalterliche Neustadt vorzustellen. Im Alten Rathaus der Stadt informiert das *Aischgründer Karpfenmuseum (Mi, Fr–So 14–17 Uhr | Eintritt 3 Euro | karpfenmuseum.de | ⏱ 1 h)* über den Lieblingsfisch der Franken. ▢ *H5*

Die Residenz der Markgrafen wird vom „Anscavallo" be- bzw. überwacht

Multimedia für den Minnesang im Wolfram-von-Eschenbach-Museum

### 11 BAD WINDSHEIM

*33 km / 30 Min. von Ansbach mit dem Auto*

Fachwerk, Barock und schöne Brunnen stehen Städten gut zu Gesicht, was dir Bad Windsheim (12 400 Ew., *bad-windsheim.de*) beweist. Ein Spaziergang durch das ⭐ *Fränkische Freilandmuseum (März Di–So 9–18, April–Okt. tgl. 9–18, Okt.–Mitte Dez. Di–Sa 10.30–16, So 10–16.30 Uhr | Eintritt 7 Euro | Eisweiherweg 1 | freilandmuseum.de | ⏱ 3 h)* zeigt, wie das Alltagsleben in Franken während der letzten 700 Jahre aussah. Es fühlt sich an, als würdest du hier von Dorf zu Dorf wandern. Mehr als 100 historische Gebäude, vom Amts- übers Schulhaus hin zu Schäfereien und Adelsschlösschen, sind originalgetreu wiederaufgebaut, alle wurden von ihren Originalstandorten ins Museum versetzt. An speziellen Tagen kannst du einem Holzschuhmacher oder einem Korbflechter bei der Arbeit zusehen – oder selbst anpacken: Du kannst hier z. B. lernen, wie du eine Wiese mit der Sense kürzt und dir künftig den Rasenmäher sparst. Für den nächsten Kurs und Veranstaltungen meldest du dich auf *freilandmuseum.de* an. Nach der Mahd geht's ins Thermalbad, die Wellnessoase oder in den ganzjährig beheizten Salzsee der *Frankentherme (tgl. 9–22 Uhr | Eintritt ab 11 Euro | Erkenbrechtallee 10 | franken-therme.net).* 🗺 G5

**INSIDER-TIPP**
**Rasen mähen wie anno dazumal**

### 12 WOLFRAMS-ESCHENBACH

*17 km / 20 Min. von Ansbach mit dem Auto*

Nein, der Ort (3100 Ew.) wurde nicht nach Wolfram von Eschenbach (1160–1220) benannt, neben Walter von der

Vogelweide der größte deutsche Dichter des Mittelalters. Es war andersrum. Die Familie des Dichters bediente sich des Namens des Orts Eschenbach, wie er früher hieß. Dies erfährst du im *Wolfram-von-Eschenbach-Museum (April–Okt. Di–So 14–17, So auch 10.30–12, Nov.–März Sa/So 14–17 Uhr | Eintritt 2,50 Euro | Wolfram-von-Eschenbach-Platz 9 | wolframs-eschenbach.de |* ⊙ *1 h)* im Alten Rathaus. Hier kannst du dir ein Bild von Leben und Werk des Minnesängers machen. Großes Plus des Orts: Es handelt sich um eine schöne Mittelalterstadt, die aber viel weniger touristisch als etwa Rothenburg ob der Tauber ist. 🕮 *H7*

### 🔟🔟 SCHLOSSPARK DENNENLOHE

*26 km / 25 Min. von Ansbach mit dem Auto*

Die Gärtner vom Schlosspark Dennenlohe haben einen grünen Daumen: Von April bis Juli blühen im größten Rhododendrongarten Süddeutschlands Tausende Rhododendren und Azaleen, Flieder, Magnolien und viele andere Gewächse, im August stehen rund 4000 Rosen in voller Blüte. Ein besonderes Erlebnis ist eine Führung mit dem Schlossherrn, Baron Süskind *(Termine unter Tel. 09836 9 68 88). März–Nov. Mo–Fr 9–17, Sa/So 10–17 Uhr | Eintritt 11 Euro | dennenlohe.de |* ⊙ *2 h |* 🕮 *H7*

### 🔟🔟 MERKENDORF

*20 km / 20 Min. von Ansbach mit dem Auto*

Willkommen in der Sauerkrautstadt (3100 Ew.), in der sich alles ums Kraut dreht – nicht nur um saures. Besorg dir

beim Bummel durch die schmucke Altstadt, die immer noch komplett von einer Stadtmauer umgeben ist, unbedingt die Krautnudeln mit Merkendorfer Blaukraut – außergewöhnlich, aber köstlich! 🕮 *H7*

**INSIDER-TIPP Blaukraut bleibt Blaukraut**

### 🔟🔟 GUNZENHAUSEN

*28 km / 30 Min. von Ansbach mit dem Auto*

Gunzenhausens (16 500 Ew.) Königslage hatten schon die Römer erkannt: Hier an der Altmühlfurt errichteten sie ein Kastell, das heute noch an den Überresten von Limes-Wachtürmen zu erkennen ist. Auch heute ist der ehemalige römische Ort am Limes so etwas wie ein Grenzort: Er gilt als Zentrum des Fränkischen Seenlands und zugleich als Tor zum Altmühltal.

*Färber-, Blas-* und *Storchenturm* prägen das Stadtbild. Das *Waldbad am Limes (Eintritt 4,20 Euro | Leonhardsruhstr. 46)* ist in der Freibadsaison täglich von 7 bis 20 Uhr geöffnet und liegt in schönster Naturidylle. Unweit liegt das Freizeitbad *Juramare (Di–So 10–18. Sauna Fr bis 21 Uhr | Eintritt ab 4,50 Euro | Bahnhofsplatz 16 | juramare.de)* mit Sauna. 🕮 *H7*

### 🔟🔟 FRÄNKISCHES SEENLAND ⭐

*28 km / 30 Min. von Ansbach mit dem Auto*

Am Seeufer zu liegen und dir die Sonne auf den Pelz brennen zu lassen ist dir zu langweilig? Dann hast du Glück, dass du dich im Fränkischen Seenland spektakulär abkühlen kannst. Im *Wakepark Brombachsee (wakepark-*

brombachsee.de) kriegst du im malerischen Ambiente der Badehalbinsel *Absberg* Action geboten, die sich gewaschen hat. Wer kein geborener Profi-Wakeboarder ist, lernt die Trendsportart in Kursen. Auch Stand-up-Paddling ist im Angebot, und nach dem Unterricht in der benachbarten *Surfschule (Tel. 09175 5 97 | surfschu lebrombachsee.de)* nimmt dir hoffentlich niemand mehr den Wind aus dem Segel.

Insgesamt sieben Seen gehören zum Seenland, inklusive Sandstränden und jeder nur denkbaren Wassersportmöglichkeit. Über *Altmühl-* und *Großen Brombachsee* schippern von April bis Oktober Ausflugsschiffe, und das auch mit viel Getöse: Nachwuchspiraten suchen an festen Terminen mit der MS Altmühlsee *(Termine und Preise: altmuehlsee.de)* von der Schiffsanlegestelle Gunzenhausen aus einen Schatz, und auf der 🎭 MS Brombach *(msbrombachsee.com)* ma-

chen sie ein Mini-Kapitänspatent. Auf dem *Igelsbachsee* sind höchstens Tretboote unterwegs, er liegt abgeschiedener – und doch sorgen ein 1,9 km langer *Barfußpfad (Ausgangspunkt westl. von Enderndorf, neben Wohnmobilplatz)* am Boden und ein 🎭 *Erlebnis-Kletterpark (Abenteuerwald Enderndorf | Erwachsene 20 Euro, Kinder bis 1,40 m 13 Euro, Jugendliche bis 16 J. 17 Euro | Zum Igelsbachsee 1 | Enderndorf am See | Terminabsprache Tel. 09175 90 72 57 | enderndorf.aben teuer-wald.com)* in der Luft für alles außer Langeweile. Am *Altmühlsee* dürfen ausdrücklich auch Erwachsene mit auf den 🎭 *Abenteuerspielplatz (Seezentrum Wald am Altmühlsee | Gunzenhausen)* unter dem Motto „Römer und Alemannen". Er huldigt dem römischen Limes, der hier nur 500 m entfernt verläuft. Während sich die Enkel am Alemannen-Kletterpfad in der Ausgrabungsstätte verrenken, trainiert der Opa seine Fitness an Balance-

Rudern oder treten? Das Fränkische Seenland lässt sich gut per Muskelkraft entdecken

geräten. Auf dem Rundweg und dem Aussichtsturm auf der *Vogelinsel (Parkplatz an der LBV-Umweltstation | altmuehlsee.lbv.de)* am Altmühlsee geht es nicht unbedingt ruhiger zu, denn die zahllosen Wasser- und Watvögel veranstalten gern lautstark Konzerte. *H–J7*

### 17 WEISSENBURG

*49 km / 50 Min. von Ansbach mit dem Auto*

Wenn du nicht mehr ganz jung bist, hast du bestimmt schon mal an der Rückseite des *Ellinger Tors* mit seinen markanten Seitentürmen geleckt: 1964 und 1967 diente die Sehenswürdigkeit der mittelalterlichen Stadt (18 300 Ew.) als Briefmarkenmotiv. Doch nicht nur Philatelisten sind Weißenburgfans, Lateinlehrern dürfte es gefallen, dass sich die Römer hier ausgetobt haben. Westlich ist etwa das rekonstruierte Nordtor des *Reiterkastells Biriciana* zu besichtigen. Die Anlage stammt aus dem 1. Jh. n. Chr. 1977 sind Fundamente eines großen Römerbads zum Vorschein gekommen, das begehbar ist. 1979 wurde der *Weißenburger Römerschatz* entdeckt, der zwischen 233 und 259/60 n. Chr. vor einem Angriff der Germanen vergraben worden war – und offenbar nicht mehr geholt wurde. Dieser Schatzfund dokumentiert die römische Kulturgeschichte in Bayern. Statuen, aber auch Alltagsgegenstände wie Kannen und Werkzeuge aus dieser fetten Beute sind im *Römermuseum (Mitte März–Mitte Nov. tgl. 10–17, März, Nov./Dez. tgl. 10–12.30 u. 14–17 Uhr | Eintritt 6 Euro | Martin-Luther-Platz 3–5 | weissenburg.de | 1 h)* zu sehen. Hier ist auch das *Bayerische Limes-Informationszentrum* untergebracht. Um das Kastell herum kannst du Reste des Rätischen Limes entdecken. Noch heute hat die Altstadt eine komplette, allerdings gotische Stadtmauer. *J8*

### 18 SOLNHOFEN

*65 km / 1 Std. von Ansbach mit dem Auto*

Die berühmtesten Söhne der Stadt (1700 Ew.) sind sicherlich die sechs versteinerten Urvögel (Archäopteryxe), die allesamt hier gefunden wurden. Abdrücke der beiden ersten Exemplare sowie zahlreiche Fossilien aus der Tier- und Pflanzenwelt der Jurazeit sind im *Bürgermeister-Müller-Museum (April–Okt. tgl. 9–17, Nov.–März So 13–16 Uhr | Eintritt 5 Euro | Bahnhofstr. 8 | 1 h)* zu sehen. Wenn du anschließend selbst unter die Paläontologen gehen möchtest, kaufst du im Museum Karten für den 🎦 *Hobbysteinbruch (April–Nov. tgl. 10–17 Uhr | Eintritt 5 Euro, Kinder 3,50 Euro | solnhofen.de):* Dort kannst du dein Glück versuchen und nach Fossilien graben. *J8*

INSIDER-TIPP
Berufswunsch Paläontologe?

### 19 ALTMÜHLTAL ⭐

*65 km / 1 Std. von Ansbach mit dem Auto*

Neben dem langsamsten Fluss Bayerns sind oft die schnellsten Fahrradfahrer unterwegs: 166 km strampelst du auf dem 🎦 *Altmühltal-Radweg* an der gemächlich dahinfließenden Altmühl entlang, von Gunzenhausen durch Oberbayern und die Oberpfalz bis Kelheim durch den Naturpark Altmühltal. Der Radweg ist für Familien bestens geeignet, denn die Straße ist immer weit entfernt. Es geht vorbei an Felstürmen wie den *Zwölf Aposteln* (bei Solnhofen), an Burgen, Schlössern und Römerkastellen, durch Wiesen und Wälder. Einen besonderen Service bieten viele Unternehmen entlang der Strecke: Du kannst dich und das Rad oder auch nur dein Gepäck von einer Station zur nächsten bringen lassen. Dieses Angebot nutzen auch Wanderer gerne, etwa wenn sie sich für den 200 km langen *Altmühl-Panoramaweg* entschieden haben. Falls du dich lieber im Wasser fortbewegst: Die Altmühl ist mit ihrer gemütlichen Fließgeschwindigkeit ein perfekter Familienfluss. Knapp 120 km lang können Anfänger und Fortgeschrittene Bootswanderungen zwischen Gunzenhausen und Dietfurt/Töging unternehmen, stunden- oder auch tagelang. Hierfür kannst du Boote oder Kanus mieten, der Service an der Strecke stimmt. Zum Erfrischen kommt das ❤ *Altmühlbad (Sommer tgl. 9–21 Uhr | Eintritt frei)* bei Leutershausen gerade recht.

Insgesamt besteht die Landschaft im Altmühltal, Deutschlands drittgrößtem Naturpark (3000 km²), aus waldigen Höhenzügen, duftenden Wacholderheiden, Felspartien und Steinbrüchen. Dazwischen liegen Altmühl und Burgen sowie attraktive Städte. Bekannt wurde die Region durch viele prähistorische Funde. Weltgeschichtlich etwas später, um 1030, entstand

die *Burg Pappenheim (Ende März–Anf. Nov. Di–So 10–17 Uhr | Eintritt 5 Euro | grafschaft-pappenheim.de),* der Stammsitz der Grafen zu Pappenheim. Im dortigen *Natur- und Jagdmuseum* (🕒 *1,5 h)* erhältst du einen Überblick über heimische Tiere, im *Historischen Museum* (🕒 *1 h)* lernst du die Geschichte des Orts und der Familie Pappenheim kennen. Danach weißt du, woran du deine Pappenheimer erkennst. *Informationszentrum Naturpark Altmühltal | Notre Dame 1 | Eichstätt | Tel. 08421 9 87 60 | naturpark-altmuehltal.de |* 🗺 *J–K8*

## ⁂ **HESSELBERG**

*37 km/40 Min. von Ansbach mit dem Auto*

Über den Hesselbergpfad kommst du in zwei bis drei Stunden auf einem Rundweg zu den drei Gipfeln des Hesselbergs, dem mit 689 m Höhe höchsten Berg in Mittelfranken. Wenn du Glück und ein Fernglas hast, siehst du bei schönem Wetter sogar die Alpen, sonst freust du dich über die Streuobstwiesen, den Wald, die vielen Pflanzen und die für den Berg typischen Schafherden. 🗺 *H8*

## ㉑ **DINKELSBÜHL** ⭐ 🚩

*39 km/40 Min. von Ansbach mit dem Auto*

Die Stadt an der Wörnitz (11 800 Ew.) sieht aus, als wäre sie fürs Märchenbuch gemacht: Dinkelsbühl ist eine der am ursprünglichsten erhaltenen mittelalterlichen Städte in Deutschland inklusive Stadtmauer, schöner Bürgerhäuser in der *Segringer Straße* und dem *Segringer Tor* (1655 barock

Herz von Dinkelsbühl ist der Marktplatz mit Löwenbrunnen und Wörnitztor

neu gestaltet). Die Dinkelsbühler schafften es, ohne Zerstörungen achtmal erobert zu werden. Darauf spielt die *Kinderzeche* an, ein Umzug mit Kostümen und Musik (Mitte Juli). Im *Alten Rathaus* zeigt das *Haus der Geschichte (Mai–Okt. Mo–Fr 9–18, Sa/So 10–17, Nov.–April tgl. 10–17 Uhr | Eintritt 4 Euro | Altrathausplatz | ⏱ 1 h)* mit viel Multimedia die bewegte Geschichte der Stadt. Unterm Dach steht ein großes Modell von Dinkelsbühl, im Keller ist eine kleine Ausstellung über die Hexenverfolgung zu sehen – am einstigen Ort der Gerichtsverhandlungen.

Unter alten Kassettendecken sitzt du im *Blauen Hecht (tgl. ab 18 Uhr | Schweinemarkt 1 | Tel. 09851 58 99 80 | blauer-hecht.de | €–€€)* und lässt dir internationale und fränkische Küche schmecken. Besuch auch das *Theater am Spitalhof (Dr.-Martin-Lu-*

*ther-Str. 10 | Tel. 09851 582 52 70 | landestheater-dinkelsbuehl.de)* oder seine Freilichtbühne am Wehrgang vor der Stadtmauer *(Altrathausplatz 12).* Die Bühnen gehören zum Landestheater, die Inszenierungen sind beliebt. 🗺 *G7*

## 22 FEUCHTWANGEN

*31 km / 25 Min. von Ansbach mit dem Auto*

Gefühlt spazierst du hier durch eine Musterhaussiedlung fränkischen Fachwerks: In den Gebäuden um den weiten 🚩 *Marktplatz* der Stadt (12 300 Ew.) findest du Balkenschmuck, der das typische Andreaskreuz und den Wilden Mann hübsch präsentiert. Dafür hat die Stadt den inoffiziellen Titel „Festsaal Frankens" eingeheimst. Fränkische Volkskunst und Liebesbriefe aus vielen Jahrhunderten zeigt das *Fränkische Museum*

Das beliebteste Touristenziel in Franken ist das mittelalterliche Rothenburg ob der Tauber

*(März/April, Okt.–Dez. Mi–So 14–17, Mai–Sept. 11–17 Uhr | Eintritt 3 Euro | Museumsstr. 19 | fraenkisches-muse um.de |* ⏱ *1,5 h).* 🔲 *G7*

# ROTHENBURG OB DER TAUBER

*(*🔲 *F6)* **Es sieht aus wie gemalt: Bereits ein Stück vor** ⭐ **Rothenburg siehst du die Mauern und Türme der Stadt (11 100 Ew.) aus der wundervollen Landschaft wachsen.**
Dieses Bild von einer Stadt endet auch nicht, wenn du mittendrin stehst. Hier siehst du Fachwerkhäuser, die spitz wie Bügeleisen zulaufen. Gepflasterte Gässchen führen dich durch Tortürme.

Früher war Rothenburg eine Reichsstadt, nach der Belagerung 1631 aber verlor es diesen Status. Weil fortan kaum neue Gebäude dazugekommen sind, blieb das alte Stadtbild bestens erhalten. Die weitere gute Nachricht: Es gibt nur wenig Autos in Rothenburg. Die schlechte: Die vielen Touristen verstopfen die Stadt wie anderswo stärkster Verkehr. Kritiker bezeichnen Rothenburg zuweilen als Mittelalter-Disneyland, weil mancher Bau etwas zu effektvoll renoviert wurde. Dennoch oder deswegen führt vor allem für Touristen aus Japan und den USA während ihrer Europatour kein Weg an dieser Stadt vorbei.

## SIGHTSEEING

### ST.-JAKOBS-KIRCHE
Steil ragt die gotische Kirche (15. Jh.) mit ihren verschieden hohen Türmen

aus dem Dächermeer. In der Westempore siehst du den *Heilig-Blut-Altar* (1502), ein Hauptwerk Tilman Riemenschneiders. Einzigartig lenkt der Künstler das Licht über die drei Flügel. Vor allem im zentralen Abendmahl lässt Riemenschneider die Hände der Apostel sprechen. *Jan.–März, Nov. tgl. 10–12 u. 14–16, April–Okt. 9–17.15, Dez. 10–16.45 Uhr | Eintritt 2,50 Euro | rothenburgtauber-evangelisch.de | 0,5 h*

## RATHAUS

Rothenburgs Rathaus vor dem Georgsbrunnen besteht eigentlich aus zwei ineinander übergehenden Häusern: dem sandsteinfarbenen Renaissanceteil und dem weißen, gotischen Teil mit beeindruckendem Kaisersaal und dem 60 m hohen Turm, auf den 220 Stufen führen. *Turm: April–Okt. tgl. 9.30–12.30 u. 13–17, Dez. 10.30–14 u. 14.30–18, Fr/Sa bis 19, Nov., Jan.–März Sa/So 12–15 Uhr | Eintritt 2 Euro | 0,5 h*

## HISTORIENGEWÖLBE

Hellebarden, Waffen und Möbel erinnern im Historiengewölbe im Rathaus an den Dreißigjährigen Krieg, als Bürgermeister Georg Nusch die Stadt durch den „Meistertrunk" (mehr als 3 l Wein auf einen Zug) vor der Brandschatzung rettete. Das ist auch im Mai oder Juni beim „Meistertrunk" zu sehen, einem opulenten Bühnenstück, das seit 1881 jährlich aufgeführt wird. Der heimliche Star jeder Besichtigung des Gewölbes ist jedoch das Gefängnis im Keller. Dort wurde Bürgermeister Heinrich Toppler (1340–1408) auf-

grund einer Intrige ermordet. *Mai–Okt. tgl. 9–18 Uhr, sonst eingeschränkt | Eintritt 3,50 Euro | Rathaus, Lichthof | 1 h*

## MITTELALTERLICHES KRIMINALMUSEUM

Schandmasken, Halsgeige, der Pranger oder ein Käfig für die Bäckertaufe: Im Kriminalmuseum erlebst du anhand von Exponaten aus tausend Jahren, was früher unter Rechtsprechung und Strafvollzug verstanden wurde. *April–Anf. Nov. tgl. 10–18, Anf. Nov.–März 13–16 Uhr | Eintritt 7 Euro | Burggasse 3–5 | kriminalmuseum.eu | 1,5 h*

## PLÖNLEIN

Wenn du unter dem Schild vom Goldenen Hirschen stehst, hast du den besten Blick auf das schmale Fachwerkhaus mit dem kleinen Brunnen davor, den Siebersturm und das Kobolzeller Tor (1360): Das Plönlein – der kleine Platz – ist der vielleicht schönste Fleck in Rothenburg ob der Tauber und zu Recht auch ein bekanntes Postkartenmotiv. Ungelogen: Wenn du vorab Disneys „Pinocchio" aus dem Jahr 1940 anschaust, hast du hier ein Déjà-vu. **INSIDER-TIPP Wie im Film** Das Plönlein diente als Vorbild für eine der Filmkulissen.

## ESSEN & TRINKEN

### ZUR HÖLL

Rothenburgs ältestes Haus (10. Jh.) beherbergte im Mittelalter eine Trinkstube und heute ein Restaurant, wo

Hinter der berankten Fassade des Reichsküchenmeisters isst du gut fränkisch

du auf alten Holzstühlen im Gewölbekeller Bratwurst mit Kraut oder Lamm-
kotelett isst. *Mo geschl. | Burggasse 8 |
Tel. 09861 42 29 | hoell.rothenburg.
de | €€*

### REICHSKÜCHENMEISTER

Unter einer alten Holzdecke werden
Frankenklassiker wie Sauerbraten
oder Karpfen aufgetischt. Wer in ge-
heimer Mission unterwegs ist und
beispielsweise einen Heiratsantrag
machen oder Absprachen unter maximal sechs Augen treffen will, kann am
Tisch im „Kleinen Löchle" Platz nehmen, das im Gewölbekeller versteckt
ist: In die kleinste
Weinstube der Stadt
passen maximal
sechs Personen, hier
fühlt ihr euch als verschworene Bande.

**INSIDER-TIPP**
**Speisen im
Geheimen**

Aber Achtung: Das Löchle ist so be-
gehrt, dass man mindestens vier Wo-
chen vorher reservieren sollte! *Tgl. |
Kirchplatz 8 | Tel. 09861 97 00 | reichs
kuechenmeister.de | €€*

## SHOPPEN

### WEIHNACHTSDORF BEI KÄTHE WOHLFAHRT ☂

Wer Weihnachten liebt, will nie wieder weg: Auch wenn es draußen 30
Grad hat, funkelt und glitzert es im Ge-
schäft, bis die Augen flirren. Hier
herrscht Weihnachtswahnsinn in Per-
fektion – das ganze Jahr über. Auch
wenn du nichts kaufen magst, wirst du
deine Freude beim Bummeln vorbei
an Weihnachtsbäumen, -kugeln und
-figuren haben. *Herrngasse 1 | kaethe-
wohlfahrt.com*

## SPORT & SPASS

### BALLOONING

Im Ballon über das Mittelalter fahren – das ergibt eine spannende Perspektive. Der Blick von oben auf Rothenburg ist beeindruckend, aber nicht günstig *(ab 200 Euro/1–1,5 Std.). Georg Reifferscheid | Spitalgasse 19 | Tel. 09861 8 78 88 | happy-ballooning.de*

## AUSGEHEN & FEIERN

### TOPPLER-THEATER

Die Naturbühne mit integrierten historischen Treppengeländern, einer Stadtmauer als bespielbarer Kulisse und vier Auf- und Abgängen ist ein Hingucker. Im Sommer gibt es zwischen zwischen Juni und August Eigenproduktionen eines Profi-Ensembles zu beklatschen. Rund 60 Aufführungen stehen jährlich auf dem Spielplan. *Klosterhof 5 | Tel. 098618 73 87 94 | toppler-theater.de*

# RUND UM ROTHENBURG OB DER TAUBER

### 23 FRANKENHÖHE

*19 km/20 Min. von Rothenburg mit dem Auto*

Mischwälder, Streuobstwiesen, Hügellandschaften und Flüsse verschönern die Gegend nordöstlich von Rothenburg – und um das Bild perfekt zu machen, scheint im Naturpark auch oft die Sonne. Sie trägt dazu bei, dass es um *Ipsheim* (2200 Ew.) – in Mittelfranken seltene – Weinberge gibt. An der oberen Altmühl liegt das Städtchen *Colmberg* (2000 Ew.) mit der *Burg (tgl. | Tel. 09803 9 19 20 | burg-colmberg.de | €€€)* aus dem 11. Jh., auf der getafelt und gefeiert werden kann. *G–H6–7*

## SCHÖNER SCHLAFEN IN MITTELFRANKEN

### ZU WASSER

In etwas andere Wasserbetten schlüpfst du im *Floating Village (Am Segelhafen 2 | Pleinfeld | Tel. 089 51 11 02 01 | eco-lodges.de | €€–€€€)* am Brombachsee. Im Ramsberger Hafen liegen 19 schwimmende Ferienhäuser vor Anker, an Bord sind zwei separate Schlafzimmer, Bad und WC. Die Einrichtung variiert von italienisch über skandinavisch bis zu Vintage. WLAN gibt es auch, damit nicht nur auf dem See gesurft wird.

### IN LUFTIGER HÖHE

Abgehoben: Wenn du auf ein bodenständiges Dasein verzichten möchtest, schläfst du im Baumzelt auf der *Zeltwiese (Badehalbinsel 7 | Tel. 09175 4 41 98 91 | zeltwiese-absberg.de | €)* in Absberg. Das wurde in 1,5–3 m Höhe aufgeschlagen und wird von starken Bäumen gehalten. Dem Himmel kommst du noch um ein gutes Stückchen näher, wenn du das Dach abnimmst und in die Sterne schaust.

# UNTERFRANKEN

## ZWISCHEN WEINBERGEN UND HOCHMOOREN

In Unterfranken fühlen sich nicht nur die Menschen wohl, sondern auch Unmengen an Rebstöcken. Mildes Klima, guter Boden und die Schleifen des Mains durch die Landschaft verbinden sich im Süden der Region mit dem Können der Winzer. All das sorgt für guten Wein und eine hohe Lebensqualität der Einheimischen. In der Gegend lässt es sich prima radeln und spazieren gehen. Garantiert verliebst du dich dabei in die vielen verträumten Weinnester – und in Würzburg, das südländisch turbulent daher-

Einer der zwölf Heiligen der Alten Mainbrücke vor der Festung Marienberg in Würzburg

kommt und dich mit Top-Sehenswürdigkeiten wie der Residenz und der Festung Marienberg zum ausgedehnten Citytrip verführt.
Im Norden Unterfrankens ist es in den Mittelgebirgen Spessart und Rhön kühler und waldreicher. Rau ist die Landschaft im Nordosten; um die Hochmoore auf den Höhenzügen herum begegnest du auf weiten Strecken keiner Menschenseele. Wanderer werden hier eins mit der Natur. Weil aus dem Nirgendwo bewirtschaftete Hütten auftauchen, müssen sie dennoch nur wenig Gepäck mitschleppen.

# UNTERFRANKEN

Wächtersbach

Karben
Nidderau
Gelnhausen
Langenselbold
Bad Vilbel
**Frankfurt am Main**
Hanau
Alzenau
Edelbrennerei **10** A. J. Dirker
**Offenbach am Main**

Rodgau
Hösbach
Mainparksee **9**
● **Aschaffenburg**
**S. 82**
Rödermark
**12** Lohr
Babenhausen

**HESSEN**
Großostheim
**11** Spessart
Dieburg

**Darmstadt**
Groß-
Umstadt
Elsenfeld
Marktheidenfeld

Mühltal
Reinheim
Klingenberg am Main
Höchst im Odenwald
Wertheim

Reichelsheim
**Marktplatz** ★
**13** Miltenberg

Fürth
Michelstadt
**14** Amorbach
**BADEN**
**WÜRTTEMB**

101 km 1½ Std.
42 km 2½ Std.
80 km 40 Min.

---

## MARCO POLO HIGHLIGHTS

★ **BAYERISCHE RHÖN**
Weite Blicke in die Landschaft, etwa vom
Kreuzberg aus, dazu süffiges Bier aus dem
Kloster ➤ S. 90

★ **WÜRZBURGER RESIDENZ**
Das Würzburger Schloss misst sich mit
Versailles ➤ S. 74

★ **TERRASSENSCHWIMMBAD**
Planschen in Bad Kissingen mit
spektakulärer Aussicht auf die Berge der
Rhön ➤ S. 90

★ **VEITSHÖCHHEIM**
Sandsteinfiguren, Teiche und Blumen-
wiesen verteilen sich im Rokokogarten
der fürstbischöflichen Residenz ➤ S. 78

★ **FREIZEITLAND GEISELWIND**
Von den Höhen der Achterbahnen in die
Tiefen des Piratensumpfs ➤ S. 79

★ **MARKTPLATZ IN MILTENBERG**
Wie eine Kulisse aus dem Märchenbuch
sehen die Fachwerkhäuser um den
schönen Renaissancebrunnen aus ➤ S. 86

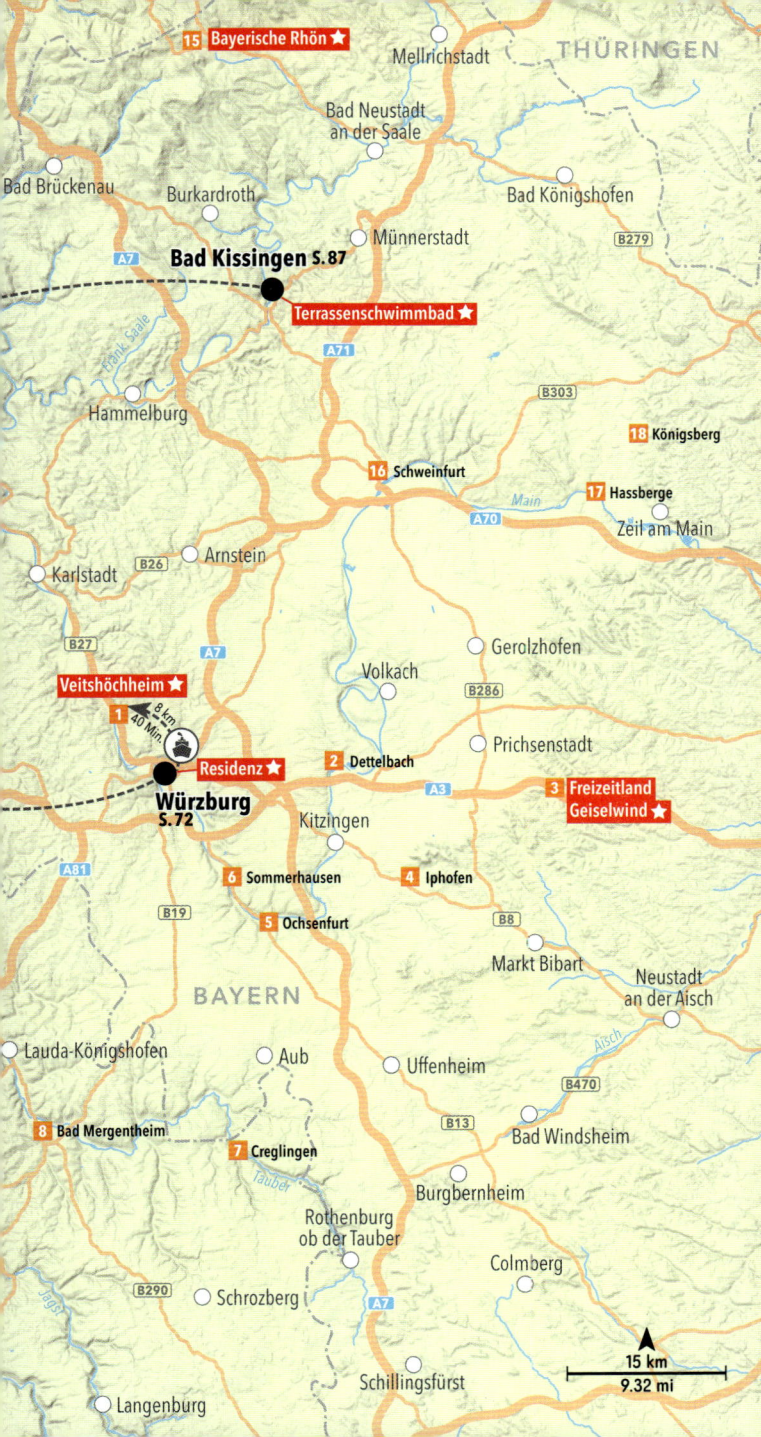

# WÜRZBURG

*(🗺 E–F4)* **Dass du beim Shoppen in der quirligen Universitätsstadt am Main (130 000 Ew.) auch an Schoppen denkst, ist kein Wunder: Die Trauben für den Frankenwein geraten in der Gegend besonders gut.**

Der Grund dafür ist Würzburgs reizvolle Lage: Die Stadt hat es sich geschützt in einem Talkessel bequem gemacht, die Würzburger genießen ein fast schon mediterranes Klima und damit einhergehende Dauerurlaubsgefühle. Herrlich ist auch anzusehen, dass zahllose Kirchtürme die Silhouette der mehr als 1300 Jahre alten Stadt prägen. Überragt wird all das vom Wahrzeichen Würzburgs, der trutzigen Festung Marienberg. Weltberühmt ist die fürstbischöfliche Residenz.

Die Bischofs- und Universitätsstadt am Main ist ein perfekter Ort, um in unzähligen Kneipen und Restaurants das Leben zu feiern, in schicke Bou-

### WOHIN ZUERST?

Vom Parkplatz vor der **Würzburger Residenz** (Tram 1, 3, 4, 5 bis Dom) aus überquerst du die Balthasar-Neumann-Promenade, um über die Hofstraße zum Kiliansdom zu gelangen. Über den Kiliansplatz geht es rechts am Dom vorbei in die Domstraße und dann geradeaus zur Alten Mainbrücke, von der aus du den Königsblick auf die Festung Marienberg und das Käppele hast.

tiquen oder über den Bauernmarkt zu bummeln, ein Museum zu besuchen. Die Sommerabende verbringen die Menschen hier gern draußen, und wenn Festung und Käppele märchenhaft beleuchtet sind, vergisst man schon mal die Zeit.

## SIGHTSEEING

### FESTUNG MARIENBERG 🚩

So unüberwindbar wie die Abwehr der Basketballer s.Oliver Würzburg kommt die Festung Marienberg (ab 7. Jh.) mit ihren hohen, kantigen Mauern und Türmen daher. Hier gibt es einen Chefblick auf die Altstadt, dazwischen liegt noch der Main. Im Kommandantenbau ist das *Museum für Franken* untergebracht, das neben fränkischer Kunst und Geschichte die mit 81 Skulpturen größte Tilman-Riemenschneider-Sammlung überhaupt zeigt. Die Festung diente bis zum Umzug der Fürstbischöfe in die Residenz als Herrschaftssitz. *April–Okt. Di–So 10–17, Nov.–März 10–16 Uhr | Eintritt 5 Euro | museum-franken.de |* ⏱ *2 h*

### KÄPPELE

Das Käppele ist die grazile Rokoko-Antwort auf die kantige Festung Marienberg. Es sitzt auf dem Nikolausberg zur Rechten der Festung. Du musst dir die Besichtigung erst verdienen: Zur Kirche mit den schmalen Zwiebeltürmchen und dem gelb-weißen Fassadenschmuck geht es einen stufenreichen Kreuzweg *(Zugang ab der Nikolausstraße ausgeschildert)* hinauf. Oben angekommen dürften dich im Inneren der Kapelle üppig in

**WÜRZBURG**

Museum im Kulturspeicher
MS Zufriedenheit
Bismarckstraße
Ringpark
Röntgenring
Haugerring
Wallgasse
Friedens-
brücke
Weineck
Julius Echter
Juliuspromenade
Marien-
kapelle
Omnibus
Mainfranken-
Theater
Weinhaus
Zum Stachel
Maul-
affenbäck
Lusamgärtchen
Alte
Mainmühle
Alte Mainbrücke
Domstraße
Dom St. Kilian
Frauensache
**Residenz** ⭐
Hofgarten
Würzburg
Festung Marienberg
Neubaustraße
Ringpark
Würzburger Innere Leiste
Leistenstraße
Ludwigs-
brücke
400 m
437 yd
Käppele
Stadtstrand

Stuck gefasste Malereien und reich verzierte Kirchenbänke beeindrucken. Übrigens heißt die 1748 von Balthasar Neumann gebaute Kirche offiziell Wallfahrtskirche Mariä Heimsuchung, doch selbst auf amtlichen Straßenschildern ist fränkisch-fröhlich vom Käppele die Rede.

## ALTE MAINBRÜCKE

Bis 1886 war sie Würzburgs einziger Flussübergang, heute ist oft kein Durchkommen mehr: Auf der Brücke (11. Jh.) treffen sich Einheimische und Touristen, um von dort aus die Festung Marienberg und die Weinberge zu bestaunen. Mit ihren acht Steinbögen verbindet sie das Festungsviertel mit der Altstadt. Zwölf überlebensgroße Heiligenfiguren aus fränkischem Sandstein flankieren die Brücke rechts und links, darunter die drei Frankenmärtyrer Kilian, Kolonat, Totnan. Hol dir als sogenannten Brückenschoppen ein Glas Wein (oder Hugo oder Aperol Spritz) und genieß ihn in einmaliger Atmosphäre auf der Brücke. Die Getränke kriegst du von den Gas-

**INSIDER-TIPP**
**Schoppen to go**

tronomiebetrieben an der Brücke auf die Hand. Dieses Erlebnis finden viele wunderbar – und genauso viele nervig: Die Brücke ist ein offizieller Fahrradweg, auf dem etwa auch der Mainradweg das Ufer wechselt. Wenn die vielen Weintrinker da keinen Platz machen, bringen sie bei den Radlern das Fass zum Überlaufen.

### RESIDENZ ★

Zumindest die Franken scheuen den Vergleich mit Versailles oder Schönbrunn nicht – und tatsächlich dürfte der Anblick der Würzburger Residenz Menschen mit Sinn für schöne Architektur überwältigen. Die Unesco erklärte nicht umsonst die opulente Bleibe der Würzburger Fürstbischöfe zum Weltkulturerbe. Sie zählt zu den bedeutendsten Schlössern des Barock. Obwohl es von 1720 bis 1780 dauerte, sie nach den Plänen von Balthasar Neumann zu errichten, wirkt sie wie aus einem Guss. Die riesige Barockfassade beherrscht den Rücken der Altstadt. Zusammmen mit weiteren Gebäuden, Kolonnaden und Obelisken umschließt sie einen riesigen, gepflasterten (Park-)Platz mit dem Frankonia-Brunnen. Durch das linke Tor kommst du in den Hofgarten mit Brunnen, Buchsbäumen und Putten, die sich in zum Teil erotischen Szenen entlang der Arkaden und der Treppenaufgänge des Gartens vergnügen. Den Höhepunkt im Inneren findest du im Treppenhaus – das größte Deckenfresko der Welt. Auf 670 m² malte der aus Venedig angereiste Giovanni Battista Tiepolo (1696–1770), wie die Allegorien der damals vier bekannten

Erdteile dem Fürstbischof huldigen. Im Kaisersaal droht dir ebenfalls Genickstarre, denn die Maler und Stuckateure haben in die Deckengemälde verblüffende Effekte und optische Täuschungen eingebaut. Die ganze Pracht drückt den Machtanspruch aus, den ein absolutistischer Herrscher für sich beanspruchte.

Beim Rundgang durch die Residenz triffst du auch auf den *Gedenkraum zum 16. März 1945.* Damals kam es in Würzburg zur Katastrophe: Beim Fliegerangriff durch die britische Royal Air Force starben etwa 5000 Menschen, die Stadt wurde zu 80 Prozent zerstört. Der Gedenkraum macht die historische Dimension dieses Ereignisses erfahrbar, etwa durch das erst 2015 veröffentlichte Luftbild, das die zerstörte Innenstadt kurz nach Ende des Zweiten Weltkriegs zeigt.

Die *Hofkirche (tgl. 10–16.30 Uhr)* (um 1750) im Südwestflügel der Residenz ist leicht zu übersehen, so nahtlos fügt sie sich in deren Fassade ein. Innen präsentieren Altargemälde von Tiepolo, Stuck, Gold, spiralförmige Säulen und viel Marmor fürstlichen Pomp. Tief unter der Residenz befindet sich der fast 900 Jahre alte 🍷 *Staatliche Hofkeller (Führungen März–Dez. Fr 16.30 u. 17.30, Sa/So u. bundesweite Feiertage 10, 11, 12, 14, 15, 16, Sa auch 17 Uhr | Eintritt 7,70 Euro | Treffpunkt: Brunnen vor der Residenz | hofkeller.de),* in einem der schönsten Weinkeller der Welt. *April–Okt. tgl. 9–18, Nov.–März 10–16.30 Uhr | Eintritt inkl. Führung 7,50 Euro | Residenzplatz 2 | residenz-wuerzburg.de |* 🕐 *2,5 h*

Die Abendsonne bringt Würzburgs Altstadt zum Leuchten, besonders die Domfassade

### DOM ST. KILIAN

Außen eher schmal und unscheinbar, innen ein erhabenes Denkmal aus Stein, Kunst und Gottesfurcht: Der Altarraum der viertürmigen, romanischen Basilika (12. Jh.) mit seinem hell leuchtenden Stuck und den Putten wirkt gewaltig. Das Langschiff präsentiert sich im Gegensatz dazu beinahe nüchtern, was daran liegt, dass es im Zweiten Weltkrieg völlig zerstört und beim Wiederaufbau kühl-modern gestaltet wurde. Rechts vom Hochaltar stechen zwei polierte rote Granitwerke von Tilman Riemenschneider heraus. Zwischen ihrer Entstehung liegen Jahrzehnte, weswegen sich der Stil des Meisters deutlich verändert hat.

### LUSAMGÄRTCHEN

Unglücklich verliebt? Dann nichts wie hin zum Grabmal des berühmten Mit-
telalterlyrikers Walther von der Vogelweide (1170–1230). Hinter dem Stift Neumünster führt rechts vom Chor ein unscheinbarer Durchgang ins Lusaumgärtchen. Hier ist sein Gedenkstein verborgen, hier soll der Dichter seine letzte Ruhestätte haben. Wenn unglücklich Verliebte Blumen darauf legen, hilft das gegen Liebeskummer, heißt es. Glücklich Verliebte werden die Ruhe in diesem ein wenig magischen kleinen, ummauerten Hof auch zu schätzen wissen. *Stift Neumünster Nordseite | Martinstr. 4*

**INSIDER-TIPP**
**Liebeskummer heilen**

### MARIENKAPELLE

Würde ein Zuckerbäcker eine Kirche bauen, sähe sie exakt wie die gotische Kapelle am Marktplatz aus. Eine Schau ist sie dank des Rots von Turm, Pfeilern und gotischem Zierrat sowie des kontrastierenden Weiß der hohen Mauern. Die Skulpturen auf den Pfeilern sind Vorzeigewerke der mainfränkischen Kunst des 15. Jhs. ⏱ *0,25 h*

### MUSEUM IM KULTURSPEICHER

Hinter der 130 m langen Front des ehemaligen Hafenlagerhauses sind Gemälde aus Romantik, Impressionismus, Expressionismus und zeitgenössischer Kunst zu sehen, ein besonderer Schwerpunkt ist europäische konkrete Kunst nach 1945. *Mi, Fr–So 11–18, Di 13–18, Do 11–19 Uhr | Eintritt 4,50 Euro | Oskar-Laredo-Platz 1 | kulturspeicher.de |* ⏱ *1,5 h*

### ESSEN & TRINKEN

### ALTE MAINMÜHLE

Das Restaurant lohnt sich schon wegen des Blicks auf die Festung. Aufgetischt wird eine Mischung aus regionalen und bürgerlichen Spezialitäten, das Spektrum reicht von blauen Zipfeln hin zu saisonalen Gerichten. Die besten Plätze bei Sonne sind auf den beiden Terrassen über dem Main. *Tgl. | Mainkai 1 | Tel. 0931 1 67 77 | alte-mainmuehle.de | €€*

### WEINHAUS ZUM STACHEL

Das Weinhaus macht dich mit den besten Weinen Frankens bekannt. Damit dir die edlen Tropfen im ältesten Gasthaus der Stadt nicht zu Kopf steigen, brauchst du eine solide Unterlage, um die sich Stachelwirt Rolf Schulz mit seiner ausgezeichneten fränkischen Küche kümmert. Herrlich ist der im Sommer bewirtschaftete Innenhof. *Mo geschl. | Gressengasse 1 | Tel. 0931 5 27 70 | weinhaus-stachel.de | €€*

### MAULAFFENBÄCK 🗣

Wer mit Einheimischen ins Gespräch kommen will, sitzt hier goldrichtig. Wie viele andere Traditionsweinstuben in der Stadt war der Maulaffenbäck früher eine Bäckerei, in der man

Frisch und regional: Quittenlieferung für den Koch des Weinhauses Zum Stachel

zur mitgebrachten Vesper Brot und Wein bestellen konnte. So ist das auch heute noch, allerdings nur morgens zwischen 10 und 12 Uhr. Während des restlichen Tags wird zum Schoppen eine große Auswahl an Brotzeiten geboten. *So geschl.* | *Maulhardgasse 9* | *Tel. 0931 46 77 87 00* | *€*

## SHOPPEN

### FRAUENSACHE
Schicke Kleider im stylischen Animalprint, glitzrige Pullis und viele andere Designerteilchen, dazu die passende Handtasche und fürs gute Gefühl daheim noch eine Duftkerze: Das alles bekommst du – nach Wunsch gerne mit individueller Beratung – im liebevoll eingerichteten Lädchen. Weil Frauensache manchmal auch Männersache ist, zählen zu den Kunden auch echte Kerle, die Schönes für ihre Liebste besorgen. *Wolfhartsgasse 4* | *diefrauensache.com*

### WEINECK JULIUS ECHTER
In der Vinothek darfst du vor dem Weinkauf tief ins Glas schauen, um dein Lieblingströpfchen ausfindig zu machen. Die Weine stammen vom ausgezeichneten Weingut Juliusspital, das 1576 gegründet wurde und Gärten in Frankens Spitzenlagen bewirtschaftet. *Koellikerstr. 1/2* | *Tel. 0931 3 93 14 00* | *juliusspital.de*

## SPORT & SPASS

### PIT PAT WONDERLAND
Wenn du bei schlechtem Wetter am Bahnhof ankommst, lässt dich das Pit-

Pat Wonderland gleich nebenan nicht im Regen stehen, es bietet viele tageslichtlose Beschäftigungen. Im *Escape Room* werden in Gruppen von drei bis sechs Personen in einem begehbaren Adventure 90 Minuten lang anspruchsvolle Logikrätsel gelöst, Codes geknackt und Schatztruhen geöffnet. Es gibt auch Rätselzimmer für Kinder. In der 3-D-Minigolf-Anlage siehst du mit einer 3-D-Brille auf der Nase unter Schwarzlicht besonders effektvolle Zeichnungen an den Wänden. Pit-Pat verbindet auf Tischhöhe den Spaß von Minigolf und Billard. Und falls doch schönes Wetter ist: Die Veranstalter lassen auch ein *Escape Boat* für bis zu neun Spieler auf dem Main schwimmen. *Di–Fr ab 14, Sa/So ab 11, in den Ferien tgl. ab 11 Uhr* | *Bahnhofsplatz 2* | *Eintritt ab 12,50 Euro, Kinder ab 9,90 Euro* | *pitpat-wonderland.de*

### NAUTILAND-ERLEBNISBAD
Alle Mann an Bord! Das Nautiland ist ein Erlebnisbad mit Sprudelanlagen, Hightech-Rutsche, einer attraktiven Gastronomie und einem großen Wellnessbereich – mitten im Zentrum. *Öffnungszeiten und Preise siehe Website* | *Nigglweg 2* | *short.travel/frk7*

### RADWEG AM MAIN
Wer Würzburg samt Umland anders als auf dem Drahtesel erkundet, ist selbst schuld: Es macht Spaß, und die Fahrradstrecken sind bestens ausgebaut. Gleich unter der Ludwigsbrücke mainaufwärts beginnt zwischen Bäumen ein geteerter Rad- und Spazierweg, der dich am Main entlang, vorbei an idyllischen Weindörfern wie

Randersacker und Sommerhausen, bis ins 18 km entfernte Frickenhausen führt. Entlang der Strecke gibt es viele Möglichkeiten, direkt am Mainufer einzukehren.

## AUSGEHEN & FEIERN

### STADTSTRAND

Direkt am Mainufer im Klappstuhl sitzen, die Füße in den Sand stecken und einen kühlen Drink schlürfen: Das alles geht am Würzburger Stadtstrand. Beim Urlaubsgefühlgenießen kannst du den Reichen beim Motoryachtfahren oder den Schönen beim Salsatanzen zusehen – und wenn du magst, sogar eine(r) von Letzteren werden:

**INSIDER-TIPP**
**Salsa tanzen am Main**

Tanzlehrer und DJ Andi bringt dir in der Traumlocation die Salsa-Grundschritte bei. Mehr Infos auf der Website. *Tgl. ab 11 Uhr | Ludwigskai 3 | stadtstrand-wuerzburg.de*

### OMNIBUS

Reinhard Mey ist nicht nur über den Wolken unterwegs, er war auch mal im Omnibus. So heißt der gemütliche Folk- und Jazzkeller, in dem sich mal mehr, mal weniger bekannte Musiker die Ehre geben. *Theaterstr. 10 | omnibus-wuerzburg.de*

### MAINFRANKEN-THEATER

Hereinspaziert! Im Drei-Sparten-Haus finden Opern, Operetten, Musicals, Schauspiele, Tanzdarbietungen und Konzerte statt. *Sept.–Juli | Theaterstr. 21 | Tel. 0931 3 90 80 | mainfranken theater.de*

### MS ZUFRIEDENHEIT

Ahoi! Das ehemalige Hafengebäude verwandelt sich je nach Wochentag und Uhrzeit in ein Café, Restaurant oder einen Club. Wenn Clubzeit ist, tanzen die Gäste durch die Nacht, bis sich morgens die Rollläden der Panoramafenster öffnen und den Blick auf den Sonnenaufgang über dem Main freigeben. *Fr/Sa ab 23 Uhr | Oskar-Laredo-Platz 1 | neueliebealterhafen.de*

# RUND UM WÜRZBURG

## 1 VEITSHÖCHHEIM ★

*8 km / 40 Min. von Würzburg mit dem Schiff*

Alle mal lachen! Veitshöchheim (10 000 Ew.) ist ein beschaulicher Ort, der wegen der Sendung „Fastnacht in Franken" dennoch recht bekannt ist. Dass die Veitshöchheimer mehr als Karneval können, siehst du im berühmten Rokokogarten mit der maßgeblich von Balthasar Neumann entworfenen *Sommerresidenz (April–Okt. Di–So 9–18 Uhr | Eintritt 4,50 Euro | Echterstr. 10 | residenz-wuerzburg.de | 0,75 h)* der Würzburger Fürstbischöfe (1680–1682). Bei deinem Spaziergang tauchen hinter Hecken, neben Teichen und auf Blumenwiesen oft unvermittelt Hunderte Sandsteinfiguren von verschiedenen Hofbildhauern auf. Am besten reist du per Schiff *(Abfahrt am Alten Kranen | ab 10 Euro | schiffstouristik.de)* von Würzburg aus an. *F4*

Wenn Zucker-, Säuregehalt und Farbe der Trauben stimmen, beginnt die Weinlese

### 2 DETTELBACH

*20 km / 20 Min. von Würzburg mit dem Auto*

Rund um Dettelbach (7300 Ew.) mit seinem schönen, gotischen Rathaus liegen im Umkreis von 10 km einige hübsche Weinstädtchen wie Volkach, Rödelsee, Sulzfeld oder Prichsenstadt, die beliebte Ziele von Radfahrern sind. Die Radwege der Gegend sind flach und sicher, bei Dettelbach und Nordheim kannst du dich sogar zweimal von Mainfähren über den Fluss bringen lassen. Wander- und Radwegekarten bei der *Touristinformation Volkach (Marktplatz 1 | Volkach | Tel. 09381 4 01 12 | volkach.de)*. In vielen Heckenwirtschaften *(Mai–Okt.)* und kleinen Gasthöfen bekommst du bestes Essen, etwa im ⚑ *Winzerhof Ungemach (Mitte April–Anf. Juni u. Mitte*

**INSIDER-TIPP**
**Mit dem Fahrrad über den Fluss**

*Sept.–Anf. Nov.* | *Bamberger Str. 6 | Tel. 09324 15 79 | €–€€)* oder im Weingut-Restaurant *Glaser-Himmelstoß (Di geschl. | Bamberger Str. 3 | Tel. 09324 23 05 | €€–€€€)*. Eine Spezialität sind die Muskazinen, süßes Muskatgebäck, das u. a. die *Konditorei Achtmann (Falterstr. 24)* verkauft. ▦ *F4*

### 3 FREIZEITLAND GEISELWIND ★ 👥

*48 km / 35 Min. von Würzburg mit dem Auto*

Die beste Werbung für den Park ist seine Lage: Von der A 3 aus ist das Freizeitland Geiselwind bereits bestens zu sehen; Autofahrer mit Kindern auf der Rückbank wissen das. Vom 95 m hohen Aussichtsturm Top of the World hast du wiederum vom Park aus einen perfekten Blick auf die Autobahn. Schau dir aber auch die Dinosaurier-Show an, fahr mit einer der zig

Achterbahnen, etwa mit der Drachenhöhle, oder trau dich in den Piratensumpf. Ein großer Spaß! *April–Okt. 9–18/20 Uhr (genaue Zeiten im Internet) | Eintritt 29,50 Euro, Kinder bis 1,10 m frei, bis 1,40 m 23,50 Euro | Wiesentheider Str. 25 | freizeitlandgeiselwind.de |* ⏱ *8 h |* 🗺 *G4*

### 4 IPHOFEN

*40 km / 35 Min. von Würzburg mit dem Auto*

Früher durfte in Iphofen (4500 Ew.) kein Bier gebraut werden, weil es immer genügend Wein gab und es wahrlich eine Sünde gewesen wäre, diesen verkommen zu lassen: Die Iphofener Lagen gehören zu den besten Frankens. Der Ort hat aber nicht nur Flüssiges zu bieten: Felsenfest steht die Stadtmauer mit dem Iphofener Wahrzeichen da, dem entzückenden *Rödelseer Tor* (1533–1545) mit dem vielen Fachwerk. Bestimmt sieht es so originell aus, weil es nicht geplant wurde, sondern immer weiter gewachsen ist. Das Spitzdach etwa wurde erst später auf den alten Torbau gepackt. Zahllose Maler und Fotografen haben sich hier schon ausgetobt und das windschiefe Bauwerk unterhalb des Schwanbergs künstlerisch festgehalten. Prächtig ist das *Barockrathaus* (1716–1718) am Marktplatz mit seiner doppelläufigen Treppe und dem herrschaftlichen Portal. Bei Regen geht's am besten ins 🚩 *Knauf-Museum (April–Okt. Di–Sa 10–17, So 11–17 Uhr | Eintritt 4 Euro | Am Bahnhof 7 | knauf-museum.de |* ⏱ *0,75 h),* das eine Ausstellung antiker Reliefs zeigt, etwa den Stein von Rosette. 🗺 *G5*

### 5 OCHSENFURT

*20 km / 25 Min. von Würzburg mit dem Auto*

Die moderne Brunnenanlage „Ochsen-Furt" vor einer malerischen Fachwerkzeile frischt das Stadtbild Ochsenfurts (11 630 Ew.) ungemein auf, als Wahrzeichen beeindruckt das *Neue Rathaus* (15 Jh.) mit einer Figuren- und Monduhr im Lanzentürmchen. Die Befestigungsanlage aus dem 14 Jh., die sich um das Städtchen herumzieht, ist fast vollständig, und die *Alte Mainbrücke* gilt als zweitälteste Steinbrücke Deutschlands. 🗺 *F5*

### 6 SOMMERHAUSEN

*13 km / 15 Min. von Würzburg mit dem Auto*

Führt guter Wein zu guter Kunst? Im Weindorf am Main (1900 Ew.) mit seiner Stadtmauer und den verträumten kleinen Häusern gedeiht jedenfalls beides bestens. Der Winzerort hat erstaunlich viele künstlerisch tätige Einwohner und entsprechend viele Galerien und Kunsthandwerksläden aufzuweisen. Die enge Bühne des *Torturm-Theaters (März–Dez. Di–Fr 20, Sa 16.30, 19 Uhr | Hauptstr. 1 | Tel. 09333 2 68 | torturmtheater.de)* befindet sich im schmalen Turm über dem Stadttor, durch das bis heute Autos fahren. Obwohl es nur Platz für 50 Gäste gibt, gelten die neuen, aufregenden Stücke junger Autoren als Höhepunkte des fränkischen Profitheaters. Am *Plan 4* steht das Geburtshaus des Auswanderers Franz Daniel Pastorius (1651–1719), der mit Germantown (Philadelphia) 1683 die erste deutsche Ansiedlung in den USA gründete.

Und *An der Tränk* warten die Bewohner des 🐾 *Tierparks Sommerhausen* (Sommer tgl. 9–21, Winter tgl. 10–17 Uhr | Eintritt 4 Euro, Kinder 2 Euro | tierparksommerhausen.de | ⏱ 1,5 h) auf Besucher. 🔖 F5

### 7 CREGLINGEN

*42 km / 45 Min. von Würzburg mit dem Auto*

Daumen hoch für das *Fingerhutmuseum* (April–Okt. Di–So 10–12.30 u. 14–17, Nov.–März Di–So 13–16 Uhr | Eintritt 2,50 Euro | Kohlesmühle 6 | fingerhutmuseum.de | ⏱ 0,75 h), das 4000 Fingerhüte aus Gold, Porzellan oder aus Wolle gehäkelt zeigt. Noch bekannter ist das mittelalterliche Creglingen (4900 Ew.) für den Marienaltar (1487) von Tilman Riemenschneider (1460–1531) in der *Herrgottskirche (1 km vor der Stadt | ⏱ 0,25 h). 🔖 F6

### 8 BAD MERGENTHEIM

*43 km / 40 Min. von Würzburg mit dem Auto*

Keine Sorge, du hast vermutlich nicht zu tief ins Glas geschaut: Auf dem *Marktplatz* von Bad Mergentheim (23 700 Ew.) stehen tatsächlich zwei wirklich identisch aussehende Rokokoamtshäuser (1780), die *Zwillingshäuser*. In der Nähe leuchtet weiß das *Deutsche Ordensschloss (April–Okt. Di–So 10.30–17, Nov.–März Di–Sa 14–17, So 10.30–17 Uhr | Eintritt 7 Euro, Kinder 3,50 Euro | Schlossstr. 16 | deutschordensmuseum.de | ⏱ 1 h). Drinnen erwarten dich eine Sammlung zur Stadtgeschichte und 🐾 40 Puppenküchen und -stuben.

An der B 290 liegt der 🐾 *Wildpark Bad Mergentheim* (März–Nov. 9–18 Uhr | Eintritt 11 Euro, Kinder 7,50 Euro | wildtierpark.de | ⏱ 3,5 h), den du nicht verpassen solltest. Die insgesamt 70 Wildarten sind auf dem 35 ha großen Gelände am besten beim Rundgang (2,5 Std.) mit einem Tierpfleger zu erleben – so gut wird einem das Leben der Greifen, Luchse, Wisente und Wolfsrudel selten erklärt. Es gibt Spielplätze und die bewirtschaftete *Jägerstube (€)*.

Das Zentrum Iphofens markiert der blumenumrankte Marienbrunnen

# ASCHAFFEN-BURG

*(C–D3)* **Viele verorten Aschaffenburg (70 000 Ew.) versehentlich in Hessen.**
Und damit liegen sie nicht einmal völlig daneben: Frankfurt ist nur 40 km entfernt, die Grenze zu Hessen ist deutlich näher – und wer von einem Einheimischen erfährt, dass Aschaffenburg natürlich zu Unterfranken gehört, kriegt diese Information in einem südhessischen Dialekt serviert. Auch wenn diese regionalen Verwirrungen die eigene Identitätsfindung erschweren, leben die Aschaffenburger gern in ihrer Stadt am Spessart. Sie freuen sich, dass sie ein moderner Industrie- und Arbeiterort mit interessanten Sehenswürdigkeiten ist – und haben mit der Kleinen Metzgergasse ein reizvolles Fachwerkviertel. Ausgehen ist bei der immensen Kneipendichte ebenfalls ein Vergnügen, und viele Geschäfte machen Aschaffenburg auch zum Shoppingziel.

## SIGHTSEEING

### PARK SCHÖNBUSCH
Durch den Park lässt du dich am besten von deiner Nase führen, dann entgehen dir die Düfte der Orangenbäume und anderer exotischer Pflanzen nicht. Und eigentlich ist das, was sich da im Stadtteil Nilkheim an den Mainbogen schmiegt, kein Park, sondern ein gekonnt inszeniertes Landschaftstheater mit künstlichen Seen, Bächen, der Roten Brücke, dem Freundschaftstempel und einem künstlichen Dörfchen. Die Mainzer Erzbischöfe legten den Park Ende des 18. Jhs. im alten Wildgehege an. Als Höhepunkt entdeckst du *Schloss Schönbusch* mit seiner klassizistischen Fassade.

### POMPEJANUM
Für Ludwig I. von Bayern war Aschaffenburg das „Bayerische Nizza", er kam gern wegen des milden Klimas. In dieses Nizza ließ er von 1840 bis 1848 auf dem Weinberg bei Schloss Johannisburg das Pompejanum errichten – inspiriert durch die Ausgrabungen in Pompeji. Die Nachbildung eines römischen Wohnhauses zeigt, wie antikenbegeistert die Menschen im 19. Jh. waren. Das Pompejanum wurde nicht als Herrschersitz, sondern als Anschauungsobjekt gebaut, damit Kunstliebhaber auch in Deutschland antike Kultur studieren konnten. Unterhalb wird Riesling angebaut, der unter dem Namen „Pompejaner" bekannt ist und nur bei Empfängen der Stadtverwaltung ausgeschenkt wird. *April–Mitte Okt. Di–So 9–18 Uhr | Eintritt 5,50 Euro | Pompejanumstr. 5 | 1 h*

### SCHLOSS JOHANNISBURG
Wenn die Sonne auf den rötlichen Sandstein fällt, scheint die Schlossfassade (1614) zu glühen. Die gewaltige Vierflügelanlage im Zentrum gehört zu den bedeutendsten Schlossbauten der deutschen Renaissance. Baumeister Georg Ridinger ließ für den Neubau von der mittelalterlichen Vorgängerburg nur den Bergfried als fünften

Schloss Johannisburg birgt viele Kunstschätze – von alten Meistern bis zu Korkmodellen

Turm stehen. Das *Schlossmuseum* zeigt neben den Räumen der Mainzer Erzbischöfe, deren Nebenresidenz Aschaffenburg war, die bedeutendste Sammlung von Gemälden Lucas Cranachs d. Ä. (1472–1553). Außerdem entdeckst du hier die weltweit größte Sammlung von Korkmodellen antiker Gebäude, die der Hofkonditor Carl May um 1792 zusammensetzte. Eindrucksvoll ist sein Nachbau des römischen Kolosseums. *April–Sept. Di–So 9–18, Okt.–März 10–16 Uhr | Eintritt 3,50 Euro | Schlossplatz 4 | museen-aschaffenburg.de | ⏱ 2 h*

## ESSEN & TRINKEN

### WIRTSHAUS ZUM FEGERER
Gemütlich ist es im Fachwerkhaus, im Gewölbekeller oder im Kachelofen-raum. Und weil auch das Essen schmeckt, von den feinen Vorspeisen über Steaks oder saisonale Gerichte als Hauptspeise bis zur sündhaft guten Crème brûlée als Nachtisch, wirst du erst mal nicht mehr wegwollen. Macht nix, bleib einfach noch ein bisschen! *Tgl. | Schlossgasse 14 | Tel. 06021 1 56 46 | fegerer.de | €€*

### ZEUGHAUS
Im Biergarten findest du unter schattigen Bäumen recht sicher einen Platz – und kannst die Nähe zu Hessen schmecken: Es gibt selbst gekelterten Äppelwoi und Handkäs mit Musik. Wenn kein Draußenwetter herrscht, sitzt du drin am besten in der Nähe des Kachelofens und genießt fränkische Spezialitäten. *Tgl. | Bismarckallee 5 | Tel. 06021 9 18 51 | €–€€*

In den Auwäldern des Spessarts ist auch der Bieber (wieder) zu Hause

## SHOPPEN

### CESTINO DI CARMEN

Mit Likör ist nichts zu schwör – und hoffentlich auch nicht das Reisegepäck: Wer ein erlesenes Mitbringsel sucht, findet im Lädchen feinsten Likör in jeder Geschmacksrichtung. Dazu gibt es bestes Olivenöl und außergewöhnlichen Essig, etwa Erdbeer- oder Feigen-Granatapfel-Balsamico-Essig. *Nebensteingasse 1*

## SPORT & SPASS

### MONKEY CAGE

Ab in den Affenkäfig! In der Boulderhalle hangelst du dich auf 950 m² Boulderfläche von Ziel zu Ziel. Kinder kraxeln auf einer Fläche von 145 m². Erholen kannst du dich danach bei einer affenstarken Pizza in der Bar. *Di–Do 13–22.30, Fr 15–22, Sa/So 9–21 Uhr | Eintritt 9,90 Euro, Kinder bis 13 J.*

*4,90 | Mainaschaffer Str. 113 | mon key-cage.de*

## AUSGEHEN & FEIERN

### HOFGARTEN-KABARETT

Lustig und nie langweilig: Auf der Bühne in dem Orangerie-Gebäude aus dem 18. Jh. wechseln sich Spitzenkabarettisten wie Günter Grünwald und Lizzy Aumeier mit aktuellen Musikensembles ab. *Hofgartenstr. 1 A | Tel. 06021 20 04 55 | hofgarten-kabarett.de*

### ZUM SCHLAPPESEPPEL

Herzhafte Küche, herzliche Bedienung: Das lassen sich im Schankraum der ältesten Kneipe der Stadt alle gefallen – vom Spießer bis zum Hipster. Im Sommer sitzt du gemütlich auf der Gasse und teilst dir den Tisch mit anderen Gästen. *Schlossgasse 28 | schlappeseppel-ab.de*

# RUND UM ASCHAFFEN- BURG

### 🟧9 MAINPARKSEE

*4 km / 7 Min. von Aschaffenburg mit dem Auto*

Raus aus der Stadt, rein ins Wasser: Am Ortsrand des 5 km entfernten Mainaschaff verschafft dir der Mainparksee Abkühlung. Danach hast du die Wahl zwischen zwei Badeständen mit zusammen 800 m Sandstrand. Alternativ kannst du dich bei Badminton, Beachvolleyball oder Boccia austoben. Für Kinderbespaßung sorgt der Abenteuerwald. *🚻 C3*

### 🟧10 EDELBRENNEREI A. J. DIRKER

*14 km / 20 Min. von Aschaffenburg mit dem Auto*

Ein besonderes Getränk bekommst du etwa 20 km vom Zentrum entfernt ausgeschenkt: **Pro-**

**INSIDER-TIPP**
**Gute Geister**

**bier bei einer Verkostung unbedingt den Haselnussgeist.** Beim Schaubrennen zeigt der Chef, wie man Obstbrände macht. Ein hochgeistiger Genuss! *So geschl. | Alzenauer Str. 108 | Mömbris-Niedersteinbach | Tel. 06029 77 11 | dirker.de | 🚻 C-D3*

### 🟧11 SPESSART

*38 km / 45 Min. von Aschaffenburg mit dem Auto*

Räubergeschichten haben den Spessart bekannt gemacht – und dennoch dürftest du in einem der größten zu-

sammenhängenden Laubwaldgebiete Mitteleuropas ziemlich sicher sein. Statt auf Wilderer und Wegelagerer triffst du auf Biber, Siebenschläfer oder die Flussperlmuschel. Der Naturpark hat ein gut markiertes Rundwanderwegsystem. In den Orten im und rings um den Naturpark fallen die roten Sandsteinfassaden der Gebäude auf: Die Farbe stammt vom Buntsandstein, der hier jahrhundertelang abgebaut wurde.

Etwa 20 km von Aschaffenburg entfernt liegt der 🐗 🐾 *Wildpark Heigenbrücken (durchgehend geöffnet | Eintritt frei).* Auf 10 ha treiben sich Rehe, Hirsche und Wildschweine herum, es gibt ein Streichelgehege, eine Matschanlage mit Wasserfall und Grillplätze. Gut essen kannst du in *Denk's Bergcafe (Di geschl. | Marienstr. 13 | B 26 20 km Richtung Lohr, links nach Heigenbrücken abbiegen, ab Ortsmitte ausgeschildert | Tel. 06020 21 01 | denks-bergcafe.de | €).* Direkt am Wildpark ist auch der Eingang zum *Kletterwald Spessart (Fr–So 10–19 Uhr | Eintritt ab 22 Euro | kletter wald-spessart.de),* wo du mit der Hilfe eines Trainers bis zu 15 m hoch kommst. *🚻 D–E3*

### 🟧12 LOHR

*38 km / 45 Min. von Aschaffenburg mit dem Auto*

Es war einmal ein Märchen, das sich in Lohr (15 200 Ew.) abgespielt haben soll: Die Einwohner sind überzeugt davon, dass Schneewittchen in der Stadt gelebt hat. Es sei in Wirklichkeit das um 1726 in Lohr geborene Freifräulein von Erthal gewesen. Märchenhaft genug für diese Geschichte wäre die verwinkelte Fachwerkstadt. Beweise für die Behauptung gibt es auch:

**INSIDER-TIPP**
**Spieglein, Spieglein an der Wand ...**

Du kannst im 🐵 *Spessartmuseum* des Kurmainzer Schlosses in den Schneewittchenspiegel der bösen Stiefmutter schauen, denn das Schloss gilt als Schneewittchens Geburtshaus *(Di–Sa 10–16, So 10–17 Uhr | Eintritt 3 Euro, Schüler 2 Euro | Schlossplatz 1 | spessartmuseum.de | ⏱ 1,5 h).* In der Ausstellung mit Mitmachelementen geht es nicht nur um das Märchen, sondern auch um die Kulturgeschichte der Gegend und die Arbeit der Glasmacher. Auch das 🐵 *Schulmuseum (Mi–So 14–16 Uhr | Eintritt 1,50 Euro, Schüler 1 Euro | Sendelbacher Str. 21 | lohr.de/schulmuseum | ⏱ 1 h)* hat seine Hausaufgaben gemacht und bekommt für die Aufbereitung von 200 Jahren Schulgeschichte eine Eins: Es zeigt, wie es 1910 in einer Lehrerwohnung aussah und wie aufgeräumt Klassenzimmer in der Kaiserzeit waren. 🗺 *E3*

### 🔢 MILTENBERG 🚩

*40 km / 40 Min. von Aschaffenburg mit dem Auto*

Teilweise sind sie schief und krumm – und dennoch oder deswegen sehen sie wie die Kulisse aus einem Märchenbuch aus: Die Fachwerkhäuser Miltenbergs (9500 Ew.) dürften dich mit ihren raffinierten Balkenmustern schwer beeindrucken. Am ⭐ *Marktplatz* gruppieren sich besonders schöne Exemplare um den Renaissancebrunnen herum und säumen die

schmale Gasse Schnatterloch. Die mehrmals in ihrer Geschichte zerstörte *Mildenburg (Mitte März–Okt. Di–So 11–17.30 Uhr | Eintritt 3 Euro | ⏱ 1,5 h)* ist ein Museum für Ikonen und moderne Kunst. In der Altstadtmitte lädt das historische *Gasthaus zum Riesen (tgl. | Hauptstr. 99 | Tel. 09371 98 99 48 | riesen-miltenberg.de | €–€€)* (12. Jh.) zur Einkehr und tischt Deftiges wie Schweinebraten mit Klößen auf. 🗺 *D5*

### 🔢 AMORBACH

*45 km / 35 Min. von Aschaffenburg mit dem Auto*

Klar zieht es wegen des romantischen Städtenamens Verliebte nach Amorbach (4000 Ew.), viele feiern in diesem architektonischen Schmuckkästchen inmitten von Laubwäldern ihre Hochzeit. Was sie vorher wissen sollten: Der Name des Orts leitet sich nicht von der großen Liebe, sondern von den drei Bächen ab, die hier durchfließen: „Ammerbach" hieß der Ort früher. Kopfsteinpflaster und Fachwerkhäuser harmonieren hier, und dennoch stiehlt die Front des ehemaligen *Benediktinerklosters*, die seitlich von der roten Sandsteinfassade der Abteikirche gekrönt wird, den anderen Bauten die Schau. Im Inneren siehst du Stuck und ein Meisterstück barocker Orgelbaukunst: Mit über 5000 Pfeifen streckt sich die berühmte *Amorbacher Orgel* ins Gewölbe. In der Nähe des Marktplatzes steht das *Fürstlich-Leiningensche Palais* im klassizistischen Stil. Im Stadtteil *Beuchen* begegnen sich Asien und Franken: Das *Gasthaus zum Brandweiher (Di* geschl. | Beuchenstr. 6 | Tel. 09373 17 22 | amorbachpension-brandwei her.de | €) zeigt, dass Odenwaldspezialitäten und thailändische Ente zusammenpassen. *C–D5*

# BAD KISSINGEN

(*F2*) **Kaiserin Sisi, Märchenkönig Ludwig II. und viele weitere illustre Persönlichkeiten vergangener Zeiten können nicht irren: Regelmäßiges Kuren in Bad Kissingen (24 200 Ew.) gehörte in feinen Kreisen zum Pflichtprogramm.**

Bis 1968 wurde das mineralstoffreiche Wasser nicht nur zu Kurzwecken getrunken, es wurde auch Salz daraus gewonnen. An die Prunkzeiten des Orts am Fuß der Rhön erinnert jährlich am letzten Juliwochenende das nach einem ungarischen Fürsten benannte Rakoczy-Fest mit Umzug und prächtigen Kostümen. Die großartige Architektur inklusive klassizistischer Villen, Rosengärten, Kolonnaden, Festspielhaus und Landschaftspark hat glücklicherweise das 19. und 20. Jh. überlebt, nicht aber die Exklusivität der Gästeliste. Doch Bad Kissingen hat

Fachwerk über Fachwerk hat die Altstadt Miltenbergs zu bieten

sich mit Erfolg neu erfunden: Der Ort ist heute ein moderner Kur- und Wellnessbetrieb, natürliche Heilmethoden ergänzen das klassische Gesundheitsangebot, und das Lustwandeln durch Wandelhalle, Arkaden oder Regentenbau sorgt dafür, dass die Leute genau wie früher neue Energie tanken. Der Hauch Nostalgie, der zu spüren ist, schadet in keiner Weise.

## SIGHTSEEING

### MUSEUM OBERE SALINE

Der Eiserne Kanzler war ein eiserner Kurgast: Otto von Bismarck erholte sich gleich 15-mal in Bad Kissingen. 1914 entging er dort nur knapp einem Attentat. Im mehrflügeligen, alten Bau befinden sich ein stadtgeschichtliches Museum und die original hergerichteten Wohnräume des Reichskanzlers. *Mi–So 14–17 Uhr | Eintritt 3 Euro | Obere Saline 20 | museum-obere-saline.de | ⏱ 1 h*

### GRADIERBAU

Frische Luft und Salzgeschmack auf den Lippen: Unweit des Museums *Obere Saline* steht ein mächtiges Holzgerüst, in dem Salzwasser über Reisigbündel rinnt. Im Sommer ist es im Gradierbau angenehm kühl. Diese Methode zur Salzgewinnung wurde hier im 16. Jh. erfunden, heute dient das Gradierwerk zur Inhalationstherapie. *Mai–Okt. | An der unteren Saline*

### KURANLAGEN

Vornehm und gepflegt flaniert es sich am Arkadenbau im antiken Stil und dem Regentenbau mit Sälen und

Balsam für die Atemwege ist die feuchte, salzhaltige Luft im Gradierbau

Wandelhalle vorbei: Die Gebäude vermitteln dir auf einem Spaziergang durch die Kuranlagen das mondäne Flair, das einst Adel und Prominenz in Bad Kissingen genossen. *Tgl. | Eintritt frei, bei Kurkonzerten mit Kurkarte*

### BURG BOTENLAUBEN

Die Burgruine ist das älteste Wahrzeichen der Stadt. Im 13. Jh. gehörte sie dem Kreuzfahrer und Minnesänger Otto von Botenlauben, der regelmäßig berühmten Besuch bekam, etwa von den Dichtern Wolfram von Eschenbach, Walther von der Vogelweide oder Reinmar von Zweter. Im Markgräfler-Krieg (1552) wurde der Bau zerstört. Die Ruine kannst du bequem auf einem schönen Weg umlaufen; von Bad Kissingen aus erreichst du sie auf der rund einstündigen Rundwanderung „Ruine Botenlauben".

## ESSEN & TRINKEN

### RATSKELLER

Im Erdgeschoss des barocken Rathauses gibt es deftigen Rhöner Flammkuchen und Kesselfleischsülze, aber auch Steaks vom Lavastein. Auf dem gepflasterten Vorplatz kann man im kleinen, hauseigenen Biergarten das Leben der Kurstadt an sich vorbeiziehen lassen. *Tgl. | Rathausplatz 1 | Tel. 0971 6 00 01 | €–€€*

### WEINSTUBE SCHUBERT

Schwein und Wein – das ist fein: Jedenfalls, wenn du in einer der fünf gemütlichen Stuben speist. Hier gibt es reschen Schweinebauch und ein

Glas kräftigen Domina, aber auch leichte Interpretationen der fränkisch-bayerischen Küche mit Produkten aus der Region, teilweise in Bioqualität. *Tgl. | Kirchgasse 2 | Tel. 0971 26 24 | weinstube-schubert.de | €€*

### BRASSERIE IM DEUTSCHEN HAUS

Gegenüber dem Landratsamt liegt etwas versteckt diese Brasserie – und es lohnt sich, sie zu suchen: Hier kannst du deinen Hunger mit Steaks, Salaten, Tortillas, Crêpes und vielem mehr stillen. Von Oktober bis Mai spielt jeden Donnerstag ab 19 Uhr ein Pianist dazu. *Tgl. | Obere Marktstr. 12 | Tel. 0971 6 55 72 | €–€€*

## SHOPPEN

### MUSIK ZUM STREICHELN

Im Laden von Johannes R. Köhler kaufst du seine sanfte Musik auf CDs, die er mit den Münchner Symphonikern eingespielt hat. Sie soll therapeutische Wirkung haben. *Untere Marktstr. 2 | musik-zum-streicheln.de*

## SPORT & SPASS

### DAMPFERLE

Spaß auf der Fränkischen Saale bringen die zwei im Volksmund „Dampferle" genannten Motorboote, die von Ostern bis Oktober täglich zu *Minikreuzfahrten* vom Steg am Rosengarten ablegen. Die Boote bringen dich zur knapp 2 km entfernten Saline, wo sie wenden. Wer's nostalgisch mag, nimmt die 1924 gebaute „Kissingen", einen echten Schiffsoldtimer mit genietetem Rumpf. *April–Okt. tgl. 10–12 u. 14–17.40 Uhr | ab 4 Euro | Sonderfahrten unter Tel. 0971 43 35*

### TERRASSENSCHWIMMBAD ★

Bad Kissingen ist nicht nur fürs Kuren gut, sondern auch für ordinären Spaß in einem der schönsten Freibäder Deutschlands: Das Terrassenschwimmbad wurde an einen Sonnenhang mit Blick auf die Berge der Rhön und die Saale-Ufer gebaut und lohnt sich allein schon wegen dieser einmaligen Aussicht. Wer außerdem Freude am Sprung vom 10-m-Turm, auf der 85 m langen Wasserrutsche oder im Aktionsbecken mit Wasserfall hat, dürfte beim Badbesuch mehr für sein Wohlbefinden tun als so mancher Kurgast in der Stadt. Das Café mit seinem wundervollen Rundblick ist aus den 50er-Jahren und steht wie das gesamte Schwimmbad unter Denkmalschutz. *Mo–Fr 9–19, Sa, So 8–19 Uhr | Eintritt 4,50 Euro | Schwimmbadstr. 9 | short. travel/frk12*

### POSTKUTSCHE

Trari, trara: Eine vierspännige Postkutsche (9 Plätze) mit hornblasendem Postillion fährt um 14 Uhr von Bad Kissingen nach Schloss Aschach *(Do, Sa)* oder nach Bad Bocklet *(Fr, So)*. *Mai-Okt. | 22 Euro | Anmeldung: Tourist-Information, Tel. 0971 8 04 84 44 | Start/Ziel am Hotel Wyndham Garden*

### WILDPARK KLAUSHOF 👥

Auf 35 ha leben Hirsche, Mufflons, Waldvögel und Luchse, und auch Kinder haben tierischen Spaß auf schattigen Spielplätzen. *April–Okt. tgl. 9–18,* im Winter bis 17 Uhr | Eintritt 4 Euro, Kinder 1,50 Euro | Klaushofstr. 101 | wildpark-klaushof.de*

## WELLNESS

### KISSSALIS THERME ☂

Manche mögen's heiß: Auf 7000 m² kannst du im futuristischen Wellnesstempel schwitzen. Innen- und Außenbecken, zahllose Saunen sowie viele Anwendungen sorgen dafür, dass du eine höchst entspannte Auszeit genießt. Auch hier tauchst du ins Bad Kissinger Heilwasser ein. *So–Do 9–22, Fr/Sa 9–24 Uhr | Eintritt ab 13 Euro | Heiligenfelder Allee 16 | kisssalis.de*

# RUND UM BAD KISSINGEN

### 15 BAYERISCHE RHÖN ★

*25 km / 25 Min. von Bad Kissingen mit dem Auto zum Kreuzberg*

Der Naturpark schenkt dir weite Blicke: von Bayern nach Hessen und Thüringen, über steile Hänge, geschwungene Bergkuppen, Moore, weite Wiesen und Wälder. „Land der offenen Fernen" wird die Rhön daher genannt. Entstanden ist sie aufgrund von Vulkanen, die einst den Buntsandstein und den Muschelkalk der Region durchbrachen. Magma floss übers Land; die hohen Basaltsäulen etwa am Gangolfsberg lassen das noch erkennen. Auf dem *Kreuzberg*, dem „Heiligen Berg der Franken", liegt das für sein besonders süffiges Bier berühmte *Franziskanerkloster Kreuzberg*. Von dort führt ein Kreuzweg zu drei steinernen Golgota-Kreuzen. 🗺 *F1–2*

### 16 SCHWEINFURT

*25 km / 30 Min. von Bad Kissingen mit dem Auto*

Schweinfurt ist in vielen Bereichen saustark: Die ehemalige freie Reichsstadt (54 000 Ew.) präsentiert sich gern als Stadt der Industrie, Wissenschaft und Technik. Heute ist die Arbeit von der Kugellagerindustrie geprägt. Hier werden Getriebelager für die Scuderia Ferrari hergestellt, die Sebastian Vettel sicherlich indirekt zum einen oder anderen Sprung aufs Treppchen verholfen haben. Nach der Arbeit widmen sich die Einwohner der Kunst, die hier einen hohen Stellenwert hat. Die Eingangshalle des prächtigen *Renaissance-Rathauses* (1572) z. B. ist eine Kunstgalerie mit wechselnden Ausstellungen. Bemerkenswert sind auch der *Schrotturm* zwischen Judengasse und Spitalstraße, in dem im 19. Jh. Schrotkugeln produziert wurden. Die historische Stadtmauer ist in großen Teilen noch gut in Schuss. Das 🏛 *Museum Georg Schäfer* (Di 10–20, Mi–So bis 17 Uhr | Eintritt 7 Euro | Brückenstr. 20 | museumgeorgschaefer.de | ⏱ 2,5 h) ist in einem markanten Kubus untergebracht und bereits von außen eine Augenweide moderner Architektur. Innen entdeckst du die größte Sammlung von Gemälden Carl Spitzwegs (1808–1885) und zugleich die bedeutendste Privatsammlung mit Kunst des 19. Jhs. aus dem deutschsprachigen Raum, zu der Werke von Caspar David Friedrich und Adolf Menzel gehören.

Großartig ist der 🐗 🐵 *Wildpark an den Eichen (ganzjährig geöffnet | Albin-Kitzinger-Straße),* der keinen Eintritt kostet. 500 Tiere aus Deutschland und anderen Erdteilen leben dort, darunter Vögel, Elche, Luchse, Wildschweine und Meerschweinchen. Kinder können stundenlang die Abenteuerspielplätze bekraxeln. Pack dem Nachwuchs im Sommer eine Badehose ein, dann darf er sich im großen Planschbecken erfrischen. Planschen

Pilgeretappe und Aussichtspunkt: die Golgata-Kreuze auf dem Kreuzberg

Einen Überblick über Zeil am Main hast du auf dem Kapellenberg

geht auch im *Silvana Sport- und Frei-zeitbad (Freibad Mai–Sept. tgl. 9–20 Uhr, Hallenbad tgl. 9–22 Uhr | Eintritt ab 4,20 Euro | An den Unteren Eichen 1)* mit allem, was das Wasserrattenherz begehrt. Wenn du lieber in der Natur badest, dann hüpf in den *Ellertshäuser See (ellertshaeuser-see.de)* bei Stadtlauringen. *G3*

## 17 HASSBERGE

*65 km / 45 Min. von Bad Kissingen mit dem Auto*

Wie die Haßberge zu ihrem Namen gekommen sind, weiß keiner so recht, und hassenswert ist die Gegend ganz sicher nicht. Im Gegenteil, viele verspüren zum Hügelland mit seinen reizvollen Fachwerkstädtchen, Burgen, Mischwäldern, Wiesengründen und Bächen eine große Liebe! Über ein Drittel der ehemaligen Ritter- und Adelssitze Unterfrankens liegen hier. Wie ein Adlernest thront auf einem Bergrücken die *Burgruine Altenstein,* deren Ursprünge aus dem 13. Jh. stammen. Die Ruine mit Resten von einer Kapelle, Wehrtürmen und Kellergewölben ist Teil des burgenkundlichen Lehrpfads in den Haßbergen. Die Gegend ist ein Wanderparadies mit untereinander vernetzten Wegen. Empfehlenswert sind der Burgen- und Schlösserweg, der Keltenweg, der Rennweg oder der Eilbotenweg.

Was hassenswert ist: ein Teil der Geschichte des schönen Fachwerkstädtchens *Zeil am Main* (5600 Ew.). Es diente dem Hochstift Bamberg als Richtstätte, im 17. Jh. wurden über 400 Menschen als „Hexen" verbrannt. Ihre Namen sind im *Dokumentationszentrum Zeiler Hexenturm (März–Okt. Do–So 11–17 Uhr, Nov.–März nur n. V. |*

*Eintritt 3 Euro | Obere Torstr. 14 | zeiler-hexenturm.de |* ⊘ *1 h)* aufgelistet. Beim Besuch der Dauerausstellung wird deutlich, dass es einen damals selbst hätte erwischen können: Die Ursachen und Vorurteile, die zur Verurteilung führten, lassen sich auf jeden ummünzen. Erschütternd ist auch das „Angstloch", durch das Verdächtige mit einem Seil in ein Gefängnis, in dem völlige Dunkelheit herrschte, hinabgelassen wurden.

Heute ist Zeil ein atmosphärisches Städtchen mit wunderschönen Fachwerkhäusern, mittelalterlicher Stadtbefestigung, einer Burgruine und der Wallfahrtskirche *Zeiler Käppele (tgl, 9–18 Uhr, im Winter Zutritt nur über Eingang bei der Grotte |* ⊘ *0,5 h)* auf dem Kapellenberg. Der Aufstieg dorthin lohnt sich nicht nur wegen des Ausblicks, sondern auch wegen der Kapelle selbst: Sie, die als „fränkisches Lourdes" bezeichnet wird, wurde im Stil französischer Kathedralen gebaut. Weswegen die Menschen aber vor allem hierherkommen:

In einer Seitenkapelle ist eine Nachbildung der originalen Lourdes-Grotte zu finden. Wer nicht so gut zu Fuß ist, kann auch mit dem Auto vorfahren.

Gut verpflegt wirst du im *Gutshof Andres (Mo/Di geschl. | Tel. 09536 2 21 | gutshof-andres.de)* im Weiler Pettstadt bei Kirchlauter, östlich von Zeil. Fische und Enten stammen aus eigener Aufzucht, Wurst und Schinken sind hausgemacht, das Brot kommt aus dem Holzofen, der Most von umliegenden Streuobstwiesen, und auch der Schnaps wird selbst gebrannt.

Eisenbahnfans kommen in Hofheim auf ihre Kosten. Das 🚂 *Eisenbahnmuseum (Besichtigung n. V. | Eintritt frei | Tel. 09523 13 05)* von Familie Lehmann im alten Bahnhof zeigt die Geschichte des „Hofheimerle", das bis 1995 durch die Haßberge tuckerte, und noch vieles mehr. 🛇 *G–H3*

### 18 KÖNIGSBERG

*52 km / 55 Min. von Bad Kissingen mit dem Auto*

Im kleinen Städtchen (3650 Ew.) am Rand der Haßberge scheint die Zeit stehen geblieben zu sein. Holpriges Kopfsteinpflaster auf gewundenen Straßen und windschiefe Fachwerkhäuser mit Rosenbüschen davor machen Königsberg zum unterfränkischen Rothenburg – bloß, dass es in keiner Weise überlaufen ist. Besonders sehenswert ist der denkmalgeschützte *Salzmarkt* mit den prächtigen Fachwerkbauten, der früher mal ein wichtiger Handelsplatz war. Im Haus mit der Nummer 6 wurde Johannes Müller alias Regiomontanus geboren, Astronom und bedeutender Mathematiker des Mittelalters. 🛇 *H3*

# OBERFRANKEN

## BIERVIELFALT, MITTELGEBIRGE, HOCHKULTUR

**Beim Wandern durch den Frankenwald kannst du dich für den einsamsten Menschen auf dem Planeten halten, während du dich zur Bayreuther Festspielzeit oder inmitten einer Traube von Tagestouristen vor dem Schlenkerla in Bamberg am Nabel der Welt wähnst.**

In Oberfranken dürftest du zwischen der zauberhaften Bischofsstadt und dem vergleichsweise kühlen Hof die unterschiedlichsten Urlaubsbedürfnisse erfüllt bekommen. Hier ist vieles stimmig, für

Keine Seltenheit in Oberfranken sind kleine Kapellen am Wegesrand

Alleinreisende, für Familien und Freundesgruppen: Es gibt weltberühmte wie wunderschöne Städte, Wallfahrtsorte, faszinierende Landschaften mit Felsen, Höhlen, Seen und schneesicheren (mittelhohen) Bergen sowie die höchste Brauereidichte der Welt – inklusive niedriger Bierpreise. Und die Feste, die in den Orten quer übers Jahr verteilt steigen, sind legendär.

# OBERFRANKEN

**Heldburg**

**9** Schloss Rosenau
**Veste Coburg** ★
**Coburg**
S.

**8** Wilpark
Schloss Tambach

47 km, 50 Min.

Ebersdorf
bei Coburg

B173
B303
Kronach

127 km, 1¼ Std.

B303

Seßlach

A73

Lichtenfels
Burgkunstadt

**10** Bad Staffelstein
**Vierzehnheiligen** ★

Kulmbach **16**

Ebern

B279

Weismain

BAYERN

Baunach

Scheßlitz

DEUTSCHLAND

A70

Hallstadt

**Steigerwald** **7**

Schloss Seehof
**1**

60 km, 40 Min.

A70

Hollfeld

B22

**Bamberg**
S. 98
**Dom** ★
**Altes Rathaus** ★

57 km, 50 Min.

Hirschaid

Waischenfeld

**2** Levi-Strauss-
Museum

**Fränkische
Schweiz**
S. 106

B470

Pottenstein

Schloss
Pommersfelden **6**

**5** Hallerndorf

Gößweinstein

A3

A73

**Erlebnisfelsen Pottenstein** ★

**3** Forchheim

**Teufelshöhle** ★

**4** Freizeitpark
Schloss Thurn

Höchstadt
an der Aisch

Baiersdorf

Gräfenberg

Betzenstein

B470

Neunkirchen
am Brand

A9

Herzogenaurach

**Erlangen**

Eckental

Schnaittach

10 km
6.22 mi

Heroldsberg

Hersbruck

Langenzenn

**Fürth**

A3

Lauf an der Pegnitz

THÜRINGEN

Nordhalben

Hirschberg

**11** Deutsch-deutsches Museum

Oelsnitz

Lichtenberg

B92

SACHSEN

Naila

**Frankenwald**
**S. 114**

Schauenstein

→ **12** Hof

A93

Adorf/Vogtland

A72

Saale

Schwarzenbach
am Wald

**13** Fernwehpark

Bad Elster

Rehau

ČESKÁ

Helmbrechts

A9

Schwarzenbach
an der Saale

Schönwald

Aš

Stadtsteinach

Saale

Münchberg

Kirchenlamitz

**14** Selb

REP.

Kupferberg

Marktleuthen

Hohenberg
an der Eger

**17** Herrmanns
Romantik-Posthotel

Weißenstadt

Eger

Höchstädt
im Fichtelgebirge

Arzberg

Bad Berneck

Bischofsgrün

Wunsiedel

Röslau

B303

Fichtelberg

Fichtelsee

**Fichtelgebirge**
**S. 121**

Marktredwitz

Warmensteinach

A93

B299

**Markgräfliches Opernhaus ★**

**Bayreuth**
**S. 118**

Weidenberg

Mitterteich

5

Schloss Fantaisie &
Gartenkunstmuseum

🚗 33 km, 35 Min.

Wiesau

Kemnath

B22

Neustadt
am Kulm

Erbendorf

Falkenberg

Creußen

---

## MARCO POLO HIGHLIGHTS

★ **ALTES RATHAUS BAMBERG**
Ehemaliges Regierungsgebäude, das
mitten im Fluss steht ➤ S. 98

★ **BAMBERGER DOM**
Das Rätsel um den berühmten Reiter ist
immer noch ungelöst ➤ S. 99

★ **TEUFELSHÖHLE**
Bizarre Tropfsteinformationen wachsen dir
über den Kopf ➤ S. 107

★ **VESTE COBURG**
Die „fränkische Krone" thront über der
Stadt ➤ S. 110

★ **ERLEBNISFELSEN POTTENSTEIN**
Abwärts geht's auf rasanten
Sommerrodelbahnen, ein Laufsteg
bringt dich dagegen Richtung Himmel
➤ S. 108

★ **MARKGRÄFLICHES OPERNHAUS**
Unvorstellbarer Prunk auf drei
Stockwerken in Bayreuth, der die
Aufführung zur Nebensache werden lässt
➤ S. 119

★ **VIERZEHNHEILIGEN**
Frankens bedeutendste Wallfahrtskirche
beeindruckt außen wie innen ➤ S. 113

# BAMBERG

*(🗺 J4)* **Bamberg (77 000 Ew.) hat gleich mehrere Spitznamen: „fränkisches Rom" wegen der sieben Hügel, „fränkisches Prag" wegen der Stadtpaläste und „fränkisches Venedig" wegen der innerstädtischen Flussidylle.**

Eigentlich sind die Vergleiche unnötig, denn Bamberg ist mit seiner Altstadt, dem Rathaus, das über der Regnitz zu schweben scheint, und dem Domberg mit der viertürmigen, 1000 Jahre alten Kathedrale einzigartig. 2000 historische Häuser der Stadt stehen unter Denkmalschutz, die Altstadt zählt zum Unesco-Weltkulturerbe. In den verwinkelten Gässchen an der Regnitz, wo sich Weinstuben, Restaurants, Bier- und Studentenkneipen aneinanderschmiegen, feiern die Bamberger und ihre Gäste immer im August die berühmte 🏳 Sandkerwa: Die Kirchweih der Elisabethenkirche ist für den Bamberger das, was für den Münchner das Oktoberfest ist, allerdings mit maßvollen Bierpreisen.

## SIGHTSEEING

### KLEIN VENEDIG

Entlang des Regnitzufers stehen dicht aneinander Fachwerkbauten und winzige Gärten, die ab dem 14. Jh. den Fischern gehörten. Die malerischen Häuser bilden Klein Venedig, da sie teils auf Holzpfählen an das Ufer gebaut wurden. Den schönsten Blick darauf könnten die Bewohner des Gebäudes *Am Leinritt* haben, wären ihre Fenster nicht vergittert: Das sogenannte Café Sandbad am gegenüberliegenden Regnitzufer ist das Gefängnis in der vielleicht idyllischsten Lage Deutschlands, mitten in der Altstadt. Wenn du nicht eingesperrt bist, hast du den besten Blick von der Uferstraße zwischen Gefängnis und Markusbrücke.

**INSIDER-TIPP**
**Freier Blick auf Klein Venedig**

### ALTSTADT 🏳

Sie liegt zwischen den beiden Regnitzarmen, auf der sogenannten Inselstadt, und rings um den Domberg. Zur Altstadt gehören die meisten der denkmalgeschützten Häuser, etwa das *Böttingerhaus,* ein Rokokopalais in der Judenstraße, wo auch das *Sams-Haus* steht. Dieses diente als Kulisse für die Verfilmung der berühmten Kinderbücher von Paul Maar. Wenn du dir als Vorbereitung auf den Altstadtbummel die Filme ansiehst, wirst du in Bamberg viel Freude an den Drehorten haben.

**INSIDER-TIPP**
**Das Sams als Stadtführer**

### ALTES RATHAUS ⭐ 🏳

Auf einer Postkarte aus Bamberg befindet sich mit hoher Wahrscheinlichkeit ein Motiv: das Alte Rathaus (um 1400, 1744–56 barock umgestaltet), das auf der Regnitz zu schwimmen scheint und früher die Grenze zwischen Bischofsstadt und Bürgerstadt markierte. Der Rokokobau steht auf einer im Mittelalter künstlich angelegten Insel und beeindruckt mit plastischen Malereien, dem Brückentor

und einem wie angeklebt wirkenden Fachwerkbau. Weil der Fürstbischof den Bürgern Bauland für ihr Rathaus verweigerte, sollen sie es kühn auf Pfeilern im Fluss errichtet haben. Nun ist hier die *Sammlung Ludwig (Di–So 10–16.30 Uhr | Eintritt 6 Euro | Obere Brücke 1 | museum.bamberg.de/ sammlung-ludwig | ⏲ 1 h)* mit Porzellan und Fayencen aus verschiedenen Jahrhunderten eingezogen.

### E.T.A.-HOFFMANN-HAUS

Im schmalen Haus am Schillerplatz 26 lebte der Dichter von 1809 bis 1813. Dass er gern unter Alkoholeinfluss schrieb, zeigt das Loch in der Ecke, durch das er sich Punsch reichen ließ. Wegen einer unglücklichen Liebe zu einer erst 15-Jährigen musste der Dichter die Stadt 1813 verlassen. *Mai–*

*Okt. Di–So 13–17 | Eintritt 2 Euro | etahg.de | ⏲ 0,5 h*

### DOM ★

Bambergs größtes Rätsel ist die Identität des Bamberger Reiters (13. Jh.). Fest steht, dass es sich bei ihm um eines der ältesten Reiterstandbilder des Mittelalters handelt. Stoisch sitzt er auf seinem Ross und blickt aus ordentlicher Höhe in die Tiefen des Kirchenschiffs. Doch wen stellt der Reiter dar? Die meisten Historiker gehen davon aus, dass es sich um König Stephan von Ungarn handelt. Es gibt aber auch die Hypothese, er sei einer der Heiligen Drei Könige. Du siehst ihn, wenn du den Dom über die Marien- oder die Adamspforte betrittst. In der Nähe steht vor dem Ostchor das von Tilman Riemenschneider geschaffene

Hochgrab für den Kirchenstifter Kaiser Heinrich (973–1024) und seine Gemahlin Kunigunde (980–1033). Und es gibt noch viel mehr zu sehen: Im Südquerhaus befindet sich der geschnitzte Marienaltar von Veit Stoß (1447–1533), im Westchor verbirgt sich hinter dem reich verzierten Bischofsstuhl das einzige Papstgrab nördlich der Alpen von Clemens II. (1005–1047). In einer Seitenkapelle neben der Sakristei ist ein Nagel zu sehen, der vom Kreuz Jesu stammen soll. *Mai–Okt. tgl. 9–18, im Winter bis 17 Uhr, während der Gottesdienste keine Besichtigung | Führungen Mo–Sa 10.30, 14, 15, So 14, 15 Uhr | Führung 5 Euro | bamberger-dom.de |* ⏱ *0,75 h*

Das Hochgrab Kaiser Heinrichs II. und seiner Gemahlin Kunigunde im Dom

## DIÖZESANMUSEUM ☂

Wie sahen die Prachtgewänder der Kaiser vor 1000 Jahren aus? Oder die eines Papsts aus jener Zeit? Antworten findest du im Diözesanmuseum direkt neben dem Dom mit seinen Kostbarkeiten aus der 1000-jährigen Bistumsgeschichte. Balthasar Neumann gestaltete das *Kapitelhaus* (1731–33), zu dessen Prunkstücken die Kaisermäntel der Bistumsgründer Heinrich und Kunigunde sowie Gewänder und Stiefel von Clemens II. gehören, der Bamberger Bischof und Papst war. Auch eine Kopie der 1280 geschaffenen Heinrichskrone ist zu sehen. Eine weitere Sensation gibt es für Märchenfreunde: den Grabstein von „Schneewittchen" oder zumindest von Sophia Maria von Erthal, deren Schicksal als Vorlage für das Märchen gilt. Im Advent findet jährlich eine Krippenausstellung statt. *Di–So 10–17 Uhr | Eintritt 5 Euro | Domplatz 5 | dioezesanmuseum-bamberg.de |* ⏱ *1,5 h*

INSIDER-TIPP
**Gedenkstein für Schneewittchen**

## NEUE RESIDENZ

Eine Führung durch die mehr als vierzig Schauräume der Neuen Residenz beweist, dass es sich früher recht gut als Fürstbischof lebte. Die vierflügelige Anlage (1613–1703), die sowohl Renaissance- als auch Barockelemente vorweisen kann, war früher der Herrschersitz. Heute ist hier die Staatsgalerie mit Meisterwerken der Spätgotik untergebracht. Schau auch in den Rosengarten, dessen Namen 4500 Rosenbüsche alle Ehre machen.

*April–Sept. tgl. 9–18, Okt.–März 10–16 Uhr | Besichtigung nur mit Führung, Eintritt 6 Euro | Domplatz 8 | residenz-bamberg.de | ⏱ 1 h*

### ALTE HOFHALTUNG ⚑

Der Komplex aus dem 16. Jh., nur durch eine Gasse vom Dom getrennt, scheint mit Galeriebalkonen und Giebeln seit Jahrhunderten unverändert. Früher dienten sie als Wirtschaftsgebäude für die Versorgung der Fürstbischöfe. Hier wurden Szenen für die Romanverfilmung „Die Seelen im Feuer" gedreht, die mit der Hexenverfolgung das dunkelste Kapitel der Stadt beleuchtet. Nun ist hier das *Historische Museum (April–Nov. Di–So 10–17 Uhr | Eintritt 7 Euro | Domplatz 7 | museum.bamberg.de/historisches-museum | ⏱ 1,5 h)* untergebracht.

### ST. MICHAEL

Im Stadtpanorama oft mit dem viertürmigen Dom verwechselt wird die zweitürmige Michaelskirche. Das ehemalige Benediktinerkloster (11. Jh.) steht auf einem Hügel gegenüber dem Domberg. Botaniker und Laien faszinieren die über 600 exakt gemalten Pflanzenarten an der Decke der Kirche. In einem Grab ruht der hl. Otto I. (1060–1139), der bei Rückenleiden angerufen wird. Wer gebückt durch die Nische in sein Grabmal geht, soll der Legende nach von Rückenbeschwerden geheilt werden. Die Terrasse des Klosters gewährt einen schönen Blick auf die Altstadt und den einzigen Weinberg Bambergs, der 2012 in Erinnerung an den früheren Weinbau in der Stadt angelegt wurde. Seit der Säkularisierung 1803 befindet sich ein Seniorenheim im Klostergebäude. 2012 wurde die Kirche wegen Einsturzgefahr bis zum Abschluss der Sanierungsarbeiten geschlossen. *Michaelsberg 10 f*

**INSIDER-TIPP**
**Ottos Tipp bei Rückenleiden**

### GÄRTNER- UND HÄCKER-MUSEUM

Die Bamberger sind buchstäblich Süßholzraspler, und oft werden sie als Zwiebeltreter bezeichnet – sie leben in einer Gärtnerstadt mit großer Tradition. Du kannst dich davon im Museum in einem Wohnstallhaus des 18. Jhs. mit dahinter liegendem Gartenland überzeugen. *April–Nov. Di–So 11–17 Uhr | Eintritt 4 Euro | Mittelstr. 34 | gaertner-und-haecker-museum.byseum.de | ⏱ 0,75 h*

## ESSEN & TRINKEN

### KROPF

Inhaber Chris Kropf, Spross der Fischerfamilie Kropf, teilt im Restaurant die Beute seiner Verwandten aus Regnitz und Wald. Der Schüler des TV-Kochs Alexander Herrmann zaubert aus Fischen, Wild und Pflanzen Gaumenkitzler und kombiniert diese zu kreativen Menüs. *Mi–So nur abends | Untere Königstr. 28 | Tel. 0951 2 08 30 95 | kropf-restaurant.de | €€€*

### SCHLENKERLA ⚑

Das Schlenkerla bedeutet den Bambergern so viel wie den Münchnern das Hofbräuhaus. Im Fachwerkhaus gibt es Fränkisches wie Schäufele oder

Postkartenmotiv: Klein Venedig liegt malerisch am Regnitzufer

Bratwürste – und vor allem das berühmte Rauchbier. Wenn du dich fragst, was die vielen Leute auf der Straße vor dem Lokal machen, dann stell dich dazu, hol Rauchbier vom Stehausschank und stoß mit ihnen an. Hüten musst du dich vor Radfahrern, die genervt von Touristen sind, die rauchbiertrinkend im Weg stehen. *Tgl. | Dominikanerstr. 6 | Tel. 0951 5 60 60 | schlenkerla.de | €*

**INSIDER-TIPP**
**Ein Schlenker(la) für ein Rauchbier**

### SPEZIALKELLER 🚩

Die Bamberger gehen zum Lachen (und Biertrinken) nicht in, sondern auf den Keller, wie ihre Biergärten heißen. Der mit dem besten Blick auf Dom und Altstadt liegt auf einem Hügel unter Kastanienbäumen, wo es zum Bier grobe Bratwürste oder Knöchla mit Kraut gibt. *Mo geschl. | Sternwartstr. 1 | Tel. 0951 5 48 87 | €*

## SHOPPEN

### KRÄUTERGÄRTNEREI MUSSÄROL

Magst du Lakritze? Falls ja, solltest du in der Biogärtnerei Süßholz probieren, für dessen Anbau Bamberg einst berühmt war. Darüber hinaus gibt es weitere würzige Mitbringsel zu kaufen, etwa aus Lavendel. *Mitte April-Mitte Okt. Mi 14–18, Fr 10–18, Sa 9–14 Uhr u. n. V. | Nürnberger Str. 86 | Tel. 0951 2 20 23 | biokraeuter.info*

### STORATH

Wenn für dich ein Leben ohne Schokolade möglich, aber sinnlos ist, solltest du bei Storath „vorbeischlemmen". Die Pralinen aus der gleichnamigen Manufaktur aus dem Umland Bambergs sind eine Sünde wert. Es gibt viele Special Editions, etwa im Sommer eine eher leichte Praline aus weißer Schokolade und Holunder. *Lange Str. 24 | storath.shop*

## SPORT & SPASS

### ERBA-PARK 👥

Für eine frühere Landesgartenschau zauberten die Bamberger aus der Industriebrache auf der Erba-Insel einen Park, der in dir jede Menge Urlaubsgefühle entfachen dürfte. An der Inselspitze fließen Regnitz und Rhein-Main-Donau-Kanal zusammen. Für Kinder ist der Park mit seinen Abenteuer- und Wasserspielplätzen ein Paradies; an verschiedenen Stellen finden sie das von Paul Maar gezeichnete Sams als überlebensgroße Figur.

### GONDELFAHRT

Ein italienisches Erlebnis ist die Fahrt mit einer original venezianischen Gondel über die Regnitz zum Hainberg. Die Gondelfahrt für bis zu sechs Personen kostet 60 Euro pro halbe Stunde. *Buchung Tel. 0951 1 20 63 27 | gondel.info*

### PERSONENSCHIFFFAHRT

„Christl" heißt das Boot, das im Sommer täglich mehrmals 80-minütige Hafenrundfahrten bis zum nahen Rhein-Main-Donau-Kanal oder Tagesfahrten auf dem Main unternimmt, im Wechsel mit der „Stadt Bamberg". *Mitte April–Mitte Okt. zwischen 11 und 16 Uhr im Stundentakt | ab 12 Euro | Abfahrt Am Kranen | Tel. 0951 2 66 79 | personenschifffahrt-bamberg.de*

## AUSGEHEN & FEIERN

### KRONPRINZ

Du kannst zum Pulled-Pork-Burger trinken, was du willst, ein Craftbeer

aus der hauseigenen Brauerei ist in der Restaurantbar im schicken Fabrik-Style dennoch die beste Wahl. *Gaustadter Hauptstr. 109*

### E.T.A.-HOFFMANN-THEATER

Die Vorhänge des Bamberger Theaters öffnen sich seit 1802, später wurde es zur Wirkstätte von E.T.A Hoffmann. Das Ensemble spielt Klassiker und moderne Stücke, im Sommer gibt es eine Freiluftbühne. *E.T.A.-Hoffmann-Platz 1 | Tel. 0951 87 30 30 | theater.bamberg.de*

# RUND UM BAMBERG

### 1 SCHLOSS SEEHOF

*8 km / 10 Min. von Bamberg mit dem Auto*

Auf Schloss Seehof in Memmelsdorf (8900 Ew.) fühlst du dich wie Hochwürden auf Urlaub: Kein Wunder, du streifst hier ja auch durch die 1686 erbaute Sommerresidenz der Bamberger Fürstbischöfe. Eine Besichtigung der neun restaurierten *Schauräume (April–Anf. Nov. Di–So 9–18 Uhr | Führung 4 Euro)*, darunter der Weiße Saal, lohnt sich. Wunderschön ist der frei zugängliche 👥 *Rokokogarten* aus dem 18. Jh. Im Sommer kannst du dort jede volle Stunde die Wasserspiele der Kaskade bestaunen. Spazier auch an den vielen Orangenbäumchen des Schlossparks vorbei. Aus den Früchten wird Marmelade gekocht, die du im *Café Schloss Seehof (Mo geschl.)* neben der Orangerie kaufen kannst. *schlossseehof.de* | ⏱ *1 h* | 🗺 *J3*

**2 LEVI-STRAUSS-MUSEUM**

*18 km / 15 Min. von Bamberg mit dem Auto*

Jacke wie Hose? Nicht in Buttenheim. Hier dreht sich im Geburtshaus des Erfinders der Blue Jeans alles um Levi Strauss persönlich. Der Dresscode ist klar. *Di, Do 14–18, Sa, So 11–17 Uhr | Eintritt 4 Euro | Marktstr. 31–33 | levi-strauss-museum.de* | ⏱ *1 h* | 🗺 *J4*

**3 FORCHHEIM**

*26 km / 20 Min. von Bamberg mit der S-Bahn*

Dass Forchheim (32 200 Ew.) als „Tor zur Fränkischen Schweiz" bezeichnet wird, heißt nicht, dass du nur durchsausen sollst. Denn dann würdest du den Besuch des historischen Städtchens verpassen, inklusive seiner schönen Fachwerkhäuser sowie den Gebäuden aus Gotik, Renaissance und Barock. Im *Fachwerkschloss Kaiserpfalz* (14. Jh.) kann man drei Museen besuchen: das *Stadt-*, das *Trachten-* und das *Archäologiemuseum* mit vorgeschichtlichen Funden aus Oberfranken *(alle Museen: April–Okt. Di–So 10–17, Nov. Mi/Do 13–16, So 13–17, Dez.–6. Jan. Mo–Fr 15–18.30, Sa/So 13–18.30 Uhr | Eintritt 5 Euro | Kapellenstr. 16 | forchheim.de |* ⏱ *je 0,75 h).* Mach dich zur Einkehr auf den Weg zum *Kellerberg* am östlichen Ortsrand mit gleich 23 Bierkellern, die entweder das ganze Jahr über, ab 1. Mai oder zum Annafest geöffnet haben. Dieses steigt jedes Jahr um den Ge-

denktag der hl. Anna am 26. Juli. Geh hin! Du wirst die Stimmung genießen, fränkisches Bier trinken und dich auf Fahrgeschäften schwindlig wirbeln lassen. 🗺 *J4*

INSIDER-TIPP
**1 Fest, 23 Bierkeller**

**4 FREIZEITPARK SCHLOSS THURN** 🎡

*35 km / 25 Min. von Bamberg mit dem Auto*

Heroldsbach ist für seine Marienerscheinungen bekannt, im zum Freizeitpark umfunktionierten Schlosspark hast du allerdings ganz andere Begegnungen, z. B. im Steampunk-VR-Scooter. Trau dich, eine VR-Brille aufzusetzen, dann fährst du durch eine virtuelle, futuristische Wild-West-Arena und bekämpfst Roboter. Irre beeindruckend! Insgesamt ist der Park mit seinen Fahrgeschäften und Shows bestens für die ganze Familie geeignet. *April–Nov. 10–17 Uhr, im Sommer länger | Eintritt 22,90, Kinder 20,90 Euro | schloss-thurn.de |* ⏱ *8 h* | 🗺 *J5*

INSIDER-TIPP
**Wildwest im Autoscooter**

**5 HALLERNDORF**

*23 km / 30 Min. von Bamberg mit dem Auto*

In Hallerndorf musst du dich nicht entscheiden, ob du auf den Kreuzberg zum Bier oder zur Kirche pilgerst. Du kannst zuerst in der *Kreuzbergkirche* um dein Seelenheil bitten, bevor du dich in einem der drei Biergärten, die in herrlichster Landschaft ineinander übergehen, um dein leibliches Wohl kümmerst. Das geht auch im

🔭 *Brauhaus am Kreuzberg,* auf des-

sen Waldspielplatz mit Riesenrutsche sich derweil die Kids austoben *(Mo/Di geschl. | Kreuzberg 1 | Hallerndorf | Tel. 09545 4736 | brauhaus-am-kreuz-berg.de | €).* Wer es ruhiger mag, ist nebenan bei *Lieberth* oder *Rittmayer* besser aufgehoben. 🗺 *J4*

## 6 SCHLOSS POMMERSFELDEN

*20 km / 20 Min. von Bamberg mit dem Auto*

Die Anlage gilt als Gründungsbau des fränkischen Barock. Schon von Ferne siehst du die Walmdächer, die prächtigen Eckpavillons und das Haupthaus hinter den Bäumen hervorlugen. Bambergs Fürstbischof Lothar Franz von Schönborn (1655–1729) engagierte mit Johann Dientzenhofer (1663–1726) und Lucas von Hilde-brandt (1668–1745) zwei Spitzenarchitekten für sein Großprojekt. Das Treppenhaus mit Deckenfresko diente Balthasar Neumann als Vorbild für die Würzburger Residenz. Im Inneren befindet sich die größte Privatsammlung von Barockgemälden mit 600 Werken, etwa von Rubens, Tizian und Dürer. *April–Okt. tgl. 9.30–17 Uhr, Besichtigung nur mit Führung (zu jeder vollen Stunde), Park ganzjährig geöffnet | Führung 8 Euro, Parkbesichtigung 1 Euro | Schloss 1 | Pommersfelden | schoenborn.de/weissenstein | ⏱ 1 h | 🗺 H4*

## 7 STEIGERWALD

*36 km / 40 Min. von Bamberg mit dem Auto*

Auf dem Holzweg zum Wipfel: Auf dem 🔭 *Baumwipfelpfad Steigerwald (Ende März–Okt. 9–18, Nov.–März 10–16 Uhr | Eintritt 10, Kinder 6,50 Euro |*

Perspektivenwechsel: Etagenweise ändert sich der Blickwinkel auf dem Baumwipfelpfad

Unter einen Felsen ducken sich die Gebäude des Fränkischen-Schweiz-Museums

*baumwipfelpfadsteigerwald.de)* blickst du von oben auf die Bäume herab. Der überwiegend aus heimischem Holz gefertigte Weg schlängelt sich durch alle Etagen des Steigerwalds, der mit seinen urigen Buchenwäldern einmalig in Deutschland ist. Beste Bratwürste zu selbst gebackenem Brot und selbst gebrautem Bier kriegst du in der *Brauerei Zehender (So/Mo geschl. | Tel. 09546 380 | moenchsambacher.de | €)* in Mönchsambach an der B 22. 🕮 *G–H 4–5*

# FRÄNKISCHE SCHWEIZ

(🕮 *J–K 3–4*) **170 Burgen und Ruinen, Mühlen, 200 Brauereien, 1000 Höhlen – mal mit Tropfsteinen, mal mit fossilen Knochen, mal**

**mit beidem –, Bäche, Flüsse, bizarre Kalkfelsen mit Routen höchster Schwierigkeitsgrade, Wander- und Radwege, Rodelbahnen und Schwimmbäder sorgen dafür, dass dir in der Fränkischen Schweiz keine Sekunde langweilig ist.**

Hier wechseln sich auf wenigen Kilometern zahllose Attraktionen ab. Zwar nicht zurück in vergangene Zeiten, aber wie im vorletzten Jahrhundert kannst du in den historischen Zügen der 🐒 *Dampfbahn Fränkische Schweiz (Termine siehe Website | Rückfahrkarte 14 Euro, Kinder 7 Euro | dampfbahn.net)* von Behringersmühle nach Ebermannstadt reisen.

## SIGHTSEEING

### WILDPARK HUNDSHAUPTEN 🐒
Eine Safari auf Fränkisch erlebst du in Hundshaupten: Wisente, Elche, Rentiere, seltene Schweine- und Ziegen-

rassen, Steinböcke, Wildschweine und Waschbären leben auf dem Gelände des Wildparks bei Egloffstein. *März–Okt. 9–18, Nov.–Feb. 9–17 Uhr | Eintritt 5 Euro, Kinder 2,30 Euro | wildpark-hundshaupten.de | ⏱ 2,5 h*

## TÜCHERSFELD ⚑

Bizarre Felsformationen türmen sich um das Örtchen Tüchersfeld auf, die malerischen Fachwerkhäuschen fügen sich bestens in die spektakuläre Landschaft ein. Der *Judenhof* aus dem 18. Jh., in dem sich das *Fränkische-Schweiz-Museum (April–Okt. Di–So 10–17, Nov–März So 13.30–17 Uhr | Eintritt 3 Euro | fraenkische-schweiz-museum.de | ⏱ 1,5 h)* mit einer Synagoge aus dem 18. Jh. befindet, ist ein beliebtes Fotomotiv. Für eine halbstündige Wanderung auf den dramatisch aufragenden *Fahnenstein* folgst du den Schildern Richtung Ortsausgang. Es gibt dort einen „alpinen Aufstieg", der sich als schmaler Pfad entlang eines Bergrückens mit einer felsigen Passage entpuppt. Belohnt wirst du mit herrlichem Blick auf das Felsendorf.

## GÖSSWEINSTEIN ⚑

Zahllose Gläubige machen sich in den Sommermonaten auf den mitunter weiten Weg zum in Franken beliebten Wallfahrtsort, um an einem Samstag- oder Sonntagmorgen ihr Pilgerziel pünktlich zum Gottesdienst zu erreichen. Wer lieber ausschläft, kann alternativ einen Nachmittagsspaziergang durch den Ort auf den Spuren von Balthasar Neumann machen, auf dessen Konto die wundervolle, 1739 geweihte *Basilika* geht. Der barocke Innenraum der Kirche ist eine Wucht! Von der nahe gelegenen *Burg Gößweinstein (April–Okt., Dez. Di–So 10–17 Uhr, Jan.–März nur So | Eintritt 2,50 Euro | ⏱ 0,75 h)* hast du einen sagenhaften Blick über das Wiesenttal.

## TEUFELSHÖHLE ⭐ 😷

Die rund 100 Mio. Jahre alte Höhle ist nichts für alle, die es schön warm haben wollen – innendrin zeigt das Thermometer das ganze Jahr über konstant kühle neun Grad. Den spektakulären Tropfsteinformationen im insgesamt 3 km langen Naturwunder tut das buchstäblich keinen Abbruch, sie wachsen seit Ewigkeiten von Decke und Boden in die Höhlenbereiche hinein. 400 Stufen gehst du während der dreiviertelstündigen Führung über drei Stockwerke. Es ist so ruhig, dass du die Wassertropfen hörst, die von der Decke auf den Boden fallen. *März–Okt. tgl. 9–17, Nov.–Feb. So 11–15 Uhr | Eintritt 5 Euro, Kinder 3 Euro | teufelshoehle.de | ⏱ 1 h*

## AHORNTAL

Bei einer Führung durch die Renaissanceburg *Rabenstein (Ende März–Anf. Nov. Di–Fr 11, 14, 16.30, Sa/So 11–17 ständig, Anf. Nov–Ende März Sa/So 11 Uhr | 5 Euro | burg-rabenstein.de | ⏱ 0,75 h)*, die auf einem Hügel über dem Ailsbach thront, spazierst du durch Prunk- und Rittersäle. Wie sich die Ritter im echten Leben geschlagen haben, kannst du bei den Shows des beliebten Mittelaltermarkts der Burg sehen.

**INSIDER-TIPP**
**Ritter zum Anfassen**

Zweimal im Jahr, Ende Juni und Anfang August, lassen hier Schaukämpfe, Gaukler- und Feuershows, Händler und Handwerker die Vergangenheit aufleben. Vor den Toren der Burg leben über 80 Greifvogelarten im Eulen- und Greifvogelpark der *Falknerei Burg Rabenstein (April–Okt. Di–Fr 14–17, Sa/So 13–17 Uhr | Eintritt 4 Euro | falknerei-rabenstein.de | ⏱ 1,5 h)*. Besonders gut sind die Tiere bei Flugvorführungen jeweils um 15 Uhr zu sehen.

In einer 15-minütigen Wanderung geht es zur *Sophienhöhle (Ende März–Anf. Nov. Di–So 10.30–17 Uhr | Eintritt 5 Euro | ⏱ 1 h)*. Seit Jahrtausenden wachsen von Decke und Boden bizarre Tropfsteinformationen in die drei Höhlenbereiche hinein, die wie ein unterirdischer Palast aussehen. Vor 25 000 Jahren lebte hier ein Höhlenbär, der nun in einer Vitrine im vorderen Bereich aufgebahrt ist. Seine Überreste bilden das weltweit vollständigste Höhlenbärenskelett.

## ESSEN & TRINKEN

### KATHI-BRÄU
Ein Hotspot, benannt nach seiner ehemaligen Inhaberin, für die Motorradfahrerszene, die gerne durch die Fränkische Schweiz kurvt. Legendär ist das dunkle Lagerbier. *Tgl. | Heckenhof 1 | Aufseß | Tel. 09198 2 77 | €*

### BRAUEREIGASTHOF KRUG
In der urgemütlichen Wirtsstube trinkst du unter mächtigen alten Balken das dunkle Lager aus der eigenen Brauerei zu deftiger fränkischer Küche. Im Sommer lädt auch der schattige Biergarten vor dem Haus zum Sitzen ein. *Mo/Di geschl. | Breitenlesau 1 b | Waischenfeld | Tel. 09202 8 35 | €*

### HOTEL-RESTAURANT FEILER
Ein Hochgenuss: die viel bejubelte Kräuterküche zaubert aus regionalen Produkten und Zutaten von anderswo feinste Kreationen. Dazu schmecken korrespondierende Weine. Eine der ersten kulinarischen Adressen Frankens. *Tgl. | Oberer Markt 4 | Muggendorf | mobil 0163 8 63 61 02 | hotel-feiler.de | €€€*

## SPORT & SPASS

### ERLEBNISFELSEN POTTENSTEIN ⭐ 👥
Beeindruckend in die Landschaft gebaut wurde der Erlebnisfelsen Pottenstein, der dir so viele so spektakuläre Attraktionen bietet wie anderswo ein ganzer Freizeitpark. Einen Überblick über die Szenerie verschaffst du dir auf dem 130 m langen *Skywalk (5 Euro, Kinder 3,50 Euro)* in 65 m Höhe. Dir ist schwindlig? Dann saus mit bis zu 40 km/h eine der beiden *Sommerrodelbahnen (3 Euro, Kinder 2,50 Euro)* durch die malerische Landschaft hinab ins Tal; bei der Geschwindigkeit hast du keine Zeit für Schwindel. Wenn doch, mach Pause in der schicken Ausflugsgastronomie in der Nähe der Kasse. Wer ein Kindermenü für 5,90 Euro ordert, bekommt nicht nur Hauptgericht, Getränk und Gummibärchen, sondern auch eine Gratis-Rodelkarte. Weiter? Du

**INSIDER-TIPP**
**Erst einkehren, dann rodeln!**

kannst im *Hexenbesen (3 Euro, Kinder 2,50 Euro)* über der Sommerrodelbahn in einer Gondel durch die Luft fliegen, auf einem Bungee-Trampolin hüpfen oder in Bumper-Booten anecken – wie in einem Autoscooter, nur auf dem Wasser. *Ende März–Ende Okt. tgl. 10–17 Uhr | Am Langen Berg 50 | ⏱ 3 h*

Noch mehr Action gibt es im *Elektro-Fun-Park Pottenstein (Öffnungszeiten und Preise siehe Website | Am Langen Berg 28 | e-park-pottenstein.de | ⏱ 1,5 h)*, z. B. in einem Elektro-Go-Kart. Entspannen darfst du dich hinterher in der imposanten Felskulisse des *Felsenbads Pottenstein (im Sommer tgl. 11–19 Uhr | Eintritt 4,50 Euro, Kinder 2,50 Euro | Pegnitzer Str. 35 | felsenbad-pottenstein.info).*

### KLETTERWALD POTTENSTEIN

Auf 14 Parcours kletterst, springst und balancierst du bestens gesichert in verschiedenen Höhen zwischen Bäumen von Plattform zu Plattform. Lachen dürftest du über die originellen Möglichkeiten, sich fortzubewegen: etwa auf einem Bobby-Car über eine Hängebrücke oder auf einer Schaukel von Baum zu Baum. Höhepunkt ist der 2530 m lange „Flug" am Seil des *Flying Fox* in 20 m Höhe. *Öffnungszeiten siehe Website | Eintritt 19 Euro, Kinder 4–8 J. 12 Euro, 9–11 J. 14,50, 12–17 J. 17 Euro | Weidenloh 100 | kletterwald-pottenstein.de*

### BOOTSTOUREN

Da sitzen Spaß und Abenteuer mit im Boot: Wenn du dir ein Kajak oder ein Kanu leihst, kannst du damit von Mai bis September zwischen Doos und Muggendorf die Wiesent erkunden. Die Boote werden für unterschiedlich lange Strecken zu Wasser gelassen, der Transfer zur Einstiegsstelle ist in der Bootsmiete *(ab 30 Euro)* inbegrif-

Die Wiesent ist prima, um die Fränkische Schweiz vom Wasser aus zu entdecken

fen, du paddelst nach Muggendorf zurück. *Aktiv Reisen GmbH | Forchheimer Str. 14 | Muggendorf | aktivreisen.com*

**(41 000 Ew.): Prinz Albert von Sachsen-Coburg, Gatte von Queen Victoria, wurde in Schloss Rosenau bei Coburg geboren.**

Veste Coburg: Die „Fränkische Krone" galt einst als uneinnehmbar

## WELLNESS

### THERME OBERNSEES 🏊

Das von Thermalwasser gespeiste Familienbad ist in schönste Natur eingebettet. Und die Saunalandschaft lässt auch Saunaprofis nicht kalt. *Mai–Sept. Mo–Sa 9–21, So 9–20, Okt.–April tgl. 9–22 Uhr | Eintritt ab 10 Euro | An der Therme 1 | Mistelgau | therme-obernsees.de*

# COBURG

*(📖 J2)* **Typisch britisch trifft very fränkisch: Die Wurzeln Queen Elizabeths II. reichen nach Coburg**

Trotz des britischen Einflusses sind nicht Fish and Chips, sondern Bratwürste und Klöße die kulinarischen Lokalmatadore, was auch an der thüringischen Vergangenheit der Stadt liegen kann: Coburg ist erst seit einer Volksabstimmung 1920 bayerisch.

## SIGHTSEEING

### VESTE COBURG ⭐ 🚩

Luther versteckte sich hier, Wallenstein versuchte die Festung vergeblich zu erobern: Ein doppelter Mauerring mit Zwinger, Basteien und Pechgruben machten die Burganlage praktisch uneinnehmbar. Wegen ihrer Lage 150 m über der Stadt wird sie „fränkische Krone" genannt. Schwere

Harnische und riesige Donnerbüchsen in der Waffenkammer zeugen von der kriegerischen Vergangenheit. *Ende März–Anf. Nov. tgl. 9.30–17, Anf. Nov.–Ende März Di–So 13–16 Uhr | Eintritt 8 Euro | kunstsammlungen-coburg.de | ⏱ 2 h*

### NATURKUNDEMUSEUM
Den Grundstock für das Museum legten die sammelwütigen Coburger Herzöge im 18. Jh., inzwischen sind dort rund 700 000 Exponate wie Mineralien, Fossilien, Tiere und Pflanzen sowie Völkerkundliches aus aller Welt zu sehen. *Tgl. 9–17 Uhr | Eintritt 3 Euro | Park 6 | naturkunde-museum-coburg.de | ⏱ 2 h*

### SCHLOSS EHRENBURG
Zu Ehren Königin Victorias von England wurde hier die wohl erste Toilette Europas installiert, die mit einer Wasserspülung bedient werden konnte, und auch der erste funktionsfähige Aufzug. Die Fassade des Stadtschlosses der Herzöge erinnert an die Houses of Parliament in London, Mitte des 19. Jhs. wurde es nach Entwürfen von Karl Friedrich Schinkel umgebaut. Besichtigung nur mit Führung. *April–Sept. Di–So 9–18, Okt.–März 10–16 Uhr, stdl. Führungen | Eintritt 4,50 Euro | Schlossplatz 1 | schloss-ehrenburg.de | ⏱ 1 h*

## ESSEN & TRINKEN

### KLÖSSEREI
Mindestens viermal pro Woche isst der Oberfranke einen Kloß, heißt es. Die Klößerei hilft, dieses Pensum zu leisten: Dort gibt es Kloß mit Soß und wahlweise mit Braten aufgetischt, alternativ darf alles mitgenommen werden. Wenn du dir auch daheim die köstlichen Klöße auf der Zunge zergehen lassen willst, kannst du verpackten Kloßteig als Souvenir kaufen. *Mi, Sa/So 10–13.30 Uhr und n. V. | Judengasse 25 | Tel. 09561 5 12 68 69 | short.travel/frk13 | €–€€*

**INSIDER-TIPP Geschmackvolle Mitbringsel**

### BURGSCHÄNKE VESTE COBURG
Es geht heute zivilisierter zu als einst bei den Gelagen von Herzog Casimir, doch fühlt sich mancher bei deftigen Speisen innerhalb der historischen Gemäuer wie ein echter Rittersmann. Nicht nur weil die Preise für Wildschweinragout, Gänsekeule oder Coburger Klöße und Schäufele auf der Karte in Talern angegeben werden. *Mo/Di geschl. | Veste Coburg 1 | Tel. 09561 2 34 31 94 | burgschänke-veste-coburg.de | €€*

## SHOPPEN

### FEINES AM KIRCHHOF
Der „Coburger Mohr", Schutzpatron der Stadt, als Praline? Nun ja, im Laden gibt es eine Süßigkeit, die dem heiligen Mauritius aus Ägypten gewidmet ist, aus erlesenem Nougat und einer Prise Coburger Schmätzchengewürz, das nur in der Stadt zu haben ist. Und wenn du schon mal beim Feinkostkaufen bist, nimm dir gleich noch Wein, Kaffee und weitere Köstlichkeiten mit. *Kirchhof 2 | feines-am-kirchhof.de*

### SPIELZEUGFABRIK HERMANN 👯

Mit Holzwolle gestopfte Teddybären sind vom Aussterben bedroht. Wenn du ein Kuscheltier retten willst, hast du beim Fabrikverkauf eine animalisch große Auswahl. Damit unterstützt du einen traditionellen Familienbetrieb: Die Hermanns stellen seit 1913 Teddys her. *Mo–Do 8–16.30, Fr 8–12.30 Uhr | Im Grund 9–1 | her mann.de*

## SPORT & SPASS

### ERLEBNISBAD AQUARIA 👯 🏊

Die perfekte Welle passt du im Wellenbecken ab, und auch sonst ist das Aquaria mit vielen wasserspaßigen Attraktionen ausgestattet, drinnen wie draußen. *Winter: Mo 13–21, Di, Do 6–21, Mi, Fr–So 8–21, Sommer: bis 20 Uhr | Eintritt 6 Euro | Rosenauer Str. 32 | aquaria-coburg.de*

## AUSGEHEN & FEIERN

### LANDESTHEATER COBURG

Für Oper und Musical, Ballett und Komödie öffnet sich der Vorhang des ehemaligen Hoftheaters in historischer Architektur. *Schlossplatz 6 | Tel. 09561 89 89 89 | landestheater-co burg.de*

### HEIMATLIEBE

Hier bekommst du ein Rundum-sorglos-Paket für einen perfekten Abend geliefert, du kannst futtern, Cocktails trinken und samstags und vor Feiertagen bis zum Umfallen tanzen. *So/Mo geschl. | Theatergasse 1 | heimatliebe-coburg.de*

# RUND UM COBURG

### 8 WILDPARK SCHLOSS TAMBACH 👯

*12 km / 15 Min. von Coburg mit dem Auto*

Beim Spazieren über das riesige Areal genießt du tolle Blicke auf wilde Tiere und ein Barockschloss. Die tägliche Greifvogelschau lässt dich mit eingezogenem Kopf in den Zuschauerrängen sitzen. *März–Nov. 8–18 Uhr, Nov.–März 10–17 Uhr | Eintritt 10 Euro, Kinder 7 Euro | Weitramsdorf | wild park-tambach.de | ⏱ 3 h | ▥ J2*

### 9 SCHLOSS ROSENAU

*7 km / 15 Min. von Coburg mit dem Auto*

Bei ihren Coburg-Besuchen hielt sich Queen Victoria am liebsten auf Schloss Rosenau auf, wo ihr Gatte Prinz Albert aufgewachsen war. Vielleicht kannst du ihre Begeisterung bei einer Führung durch die prächtigen Räume, vorbei an Alberts Babywiege, und im englischen Landschaftspark nachvollziehen. *April–Sept. Di–So 9–18, Okt.–März 10–16 Uhr | Eintritt 4,50 Euro | Rödental | schloesser-coburg.de | ⏱ 0,75 h | ▥ J2*

### 10 BAD STAFFELSTEIN

*23 km / 20 Min. von Coburg mit dem Auto*

Ein markanter Berg plus die herrlichste Therme der Gegend plus ein hübsches *Fachwerkrathaus* mit Glockenturm ergibt nach Adam Riese einen

Die fränkische Flagge weist darauf hin, dass der Staffelberg der „Berg der Franken" ist

ziemlich tollen Urlaubsort. Adam Riese, der im 16. Jh. populäre Rechenbücher geschrieben hat, ist übrigens der berühmteste Sohn Bad Staffelsteins (10 600 Ew.). An ihn erinnert das *Stadtmuseum (Nov.–März Di 14–17, Sa 14–16, April–Okt. Di–Fr 10–12 u. 14–17, Sa/So 14–17 Uhr | Eintritt 1,50 Euro | bad-staffelstein.de | ⏱ 1,25 h)* in der Kirchgasse 16. Ein Blick vom Hochplateau des *Staffelbergs* (539 m) lässt dich dennoch alle Rechnereien des Alltags vergessen. Du erreichst es auf verschiedenen Wegen, etwa von Vierzehnheiligen aus. Auch die *Obermain-Therme (tgl. 8–21, Do, Fr/Sa bis 23 Uhr, Saunaland tgl. ab 9 Uhr | Eintritt ab 9,50 Euro | Am Kurpark 1 | obermaintherme.de)* bietet mit ihren elf Themensaunen und dem Naturbadesee Entspannung auf höchstem Niveau. ==Beim Bierbraueraufguss schwitzt du beim herben Duft von== ==Hopfen und Malz, bevor du eine regionale Erfrischung gereicht bekommst.==

**INSIDER-TIPP**
**Sauna und Bier, das rat' ich dir**

Für Notfallhilfe von Kopfweh bis Todesangst sind die vierzehn Heiligen zuständig, denen die Basilika ★ Vierzehnheiligen *(Mai–Sept. 6.30–20, Okt.–April 7.30–17 Uhr | vierzehnheiligen.de | ⏱ 0,5 h)*, Frankens bedeutendste Wallfahrtskirche, gewidmet ist. Balthasar Neumann (1687–1753) ist für die Entwürfe verantwortlich, der Bau (1743–72) wurde erst 19 Jahre nach seinem Tod vollendet. Er ist schon aus der Ferne beeindruckend und innen umwerfend: Stuck, Statuen, Ornamente, Altäre sowie das durch die Fenster in das Oval des Kirchenraums gelenkte Licht lassen dich staunen. Am faszinierendsten ist der Effekt, wenn der ohnehin helle Raum vom Sonnenlicht durchflutet wird – ==pilgere==

**INSIDER-TIPP**
**Kirchgang bei Sonnenschein**

also bei Schönwetter nach Vierzehnheiligen. In der Mitte steht der üppig ausgeschmückte Gnadenaltar mit Baldachin und sich über drei Etagen türmende Nothelfer. Von Mai bis September ziehen freitags um 15 Uhr namhafte Organisten alle Register der Hauptorgel für ein halbstündiges, kostenloses 🔊 Konzert.

Auf dem Berg gegenüber thront das im 11. Jh. gegründete Kloster Banz *(Kirche tgl. 9–16, Termine für Klosterführungen siehe Website | Führung 4,50 Euro | hss.de/museum-klosterbanz | ⏱ 1,25 h)*, das mit seinen Doppeltürmen schon von Weitem zu erkennen ist. Das Innere der Kirche unter dem prächtigen Gewölbe wirkt sehr geheimnisvoll. Das Kunststück gelang den Architektenbrüdern Leon-

hard (1660–1707) und Johann Dientzenhofer (1663–1726). Aktuell wird das Kloster als Tagungsstätte genutzt. 📖 *J3*

# FRANKEN-WALD

(📖 *K–L 1–2*) **Dass du den Wald vor lauter Bäumen nicht siehst, könnte dir passieren – immerhin besteht der Naturpark zu 50 Prozent aus ebensolchen.**

Der Frankenwald, der am nördlichen Zipfel des Freistaats an der grünen Grenze zu Thüringen liegt, trägt den Spitznamen „die grüne Krone Bayerns". Massentourismus ist hier nicht

Nichts für Wasserscheue ist eine Floßfahrt auf der Wilden Rodach durch den Frankenwald

angekommen. Radfahrer fahren dennoch auf hervorragenden Wegen, und beim Wandern siehst du rund um *Presseck* (1850 Ew.) Mühlen und Naturdenkmäler wie die *Steinachklamm*. Durchs Höllental rauscht die Selbitz, in deren Flusslauf riesige, farnbewachsene Felsquader liegen. Sehenswert sind außerdem die Besucherbergwerksstollen, etwa der *Friedrich-Wilhelm-Stollen (Führung April–Okt. Sa/So 11, 13, 15 Uhr | Eintritt 4 Euro | 150 m vom Eingang zum Höllental | friedrich-wilhelm-stollen.de | ⏱ 1,5 h)*, in dem Erz und Fluorit abgebaut wurden.

## SIGHTSEEING

### TROPENHAUS KLEIN-EDEN
Tropenfrüchte in Bioqualität, die im klimatisch eher rauen Frankenwald geerntet wurden? Ganz genau! In Glashäusern am Rennsteig gedeihen exotische Früchte wie Papaya, Bananen und Maracuja sowie tropische Speisefische; sie werden anschließend erforscht und/oder verkauft. Und das ganz ressourcenschonend: Für das Projekt und sein 3500 m² großes Tropenhaus nutzt man die Abwärme einer nahe gelegenen Glashütte. *Di–Fr 9–16, Sa/So 10–16 Uhr | Eintritt 8,50 Euro | Klein Eden 1 | Tettau | tropenhaus-am-rennsteig.de | ⏱ 2,5 h*

### WASSERSCHLOSS MITWITZ
Ein Schloss wie aus dem Bilderbuch – das fanden auch die ARD und drehten hier 2014 das Fernsehmärchen „Die drei Federn" mit Sky DuMont, Michael Schönborn und Kollegen. Doch die von einem Wassergraben umgebene Vierflügelanlage ist mit ihren Türmen auch für gewöhnliche Spaziergänge eine gute Kulisse. 1266 wurde der Renaissancebau erstmals urkundlich erwähnt. Bei einer Führung besichtigst du die historischen Räume, hinterher kannst du im Schlosspark flanieren. Besonders schön ist es um den See herum, im Winter könntest du hier „Die Eiskönigin" nachstellen: Zumindest darfst du, wenn der See gefroren ist, darauf eislaufen. *Führungen April–Sept. Sa 14.30, So 11 u. 14, Juni–Aug. auch Di 11, Do 14, Okt.–März So 14 Uhr | Eintritt 4 Euro | Unteres Schloss 5 | mitwitz.de | ⏱ 1,5 h*

> **INSIDER-TIPP**
> **Schlitterpartie im Schlosspark**

## ESSEN & TRINKEN

### ADELSKAMMER
Die Klöße werden aus selbst angebauten, selbst geriebenen und selbst gekochten Kartoffeln geformt, die Spiegeleier stammen von eigenen Hühnern und Wurst und Schinken sowie der Sonntagsbraten vom Fleisch des eigenen Viehs. *Di/Mi geschl. | Dorfplatz 8 | Bad Steben-Carlsgrün | Tel. 09288 84 40 | €–€€*

### GASTHOF WASSERSCHLOSS MITWITZ
Lust auf eine gepflegte Frankenwaldforelle oder ein ritterliches Gelage wie im Mittelalter? Beides ist im Hotelgasthof gegenüber dem Wasserschloss möglich. Gruppen können hier für 29 Euro pro Person ein Ritteressen samt vorheriger Schlossfüh-

Geteilt: Mitten durch Mödlareuth verlief die Grenze zwischen BRD und DDR

rung buchen mit allem, was herge-schleppt werden kann: von Met über Fleisch bis zu Käse auf dem Holzbrett. Auf Wunsch veranstalten die Wirte nach dem Gelage Ritterspiele wie Bogenschießen, Lanzenreiten oder Humpenstemmen. *Mo geschl. | L.-Freiherr-von-Würtzburg-Str. 14 | Mitwitz | Tel. 09266 96 70 | hotel-wasserschloss.de | €–€€*

**INSIDER-TIPP**
Wie die alten Rittersleut'

## SPORT & SPASS

### FLOSSFAHRTEN

Ein tragfähiger Ausflug übers Wasser: Auf dem Floß fährst du feucht-fröhliche fünf Kilometer auf der Wilden Rodach bei Wallenfels, dann bekommst du eine wohlverdiente Brotzeit. *Mai–Aug. Sa | ab 25,50 Euro | Fremdenverkehrsamt Wallenfels | Tel. 09262 9 45 21 | wallenfels.de*

### FUSSBALLGOLF

Wenn Fußball und Golf aufeinandertreffen, musst du einen Ball mit dem Fuß in zuvor festgelegte Löcher kicken. Wie beim Golf geht es über 18 Bahnen, die in Summe tatsächlich wie Golfplätze aussehen, und du solltest bis zum „Einlochen" möglichst wenig Schüsse brauchen. *Di–Fr 12–22, Sa/So 11–22 Uhr | 9 Euro | Lichtenberger Str. 27 | Naila | Tel. 09282 9 84 21 90 | fussball golf-naila.de*

### LAMA-TREKKKING 👥

Wer führt wen? Das ist beim erholsamen wie originellen Lama-Trekking häufig die Frage. In jedem Fall wirst du die strahlenden Kinder- und Lamaaugen beim Wandern durch die schöne Landschaft nie vergessen! *Gruppe ab 25 Euro/Std. | Döbrastöcken 5 | Naila | Tel. 09282 96 47 84 | mitimino-lamas.de*

# RUND UM DEN FRAN- KENWALD

### 🔟 DEUTSCH-DEUTSCHES MUSEUM

*43 km / 40 Min. von Presseck mit dem Auto*

Mödlareuth lag immer schon dies-seits und jenseits einer Grenze: Der Tannbach teilte den Ort in zwei Teile; die eine Hälfte gehört zu Thüringen, die andere zu Bayern. Die Teilung Deutschlands führte auch zur Teilung des 50-Seelen-Dorfs, das die Amerika-ner deshalb „Little Berlin" nannten. Heute erinnern eine Gedenkstätte und ein Museum an die Zeit des Kal-ten Kriegs. *März–Okt. Di–So 9–18, Nov.–Feb. bis 17 Uhr | Eintritt 3 Euro | moedlareuth.de | ⏱ 1 h | 🗺 M1*

### 🔢 HOF

*32 km / 35 Min. von Presseck mit dem Auto*

Hof (47 300 Ew.) liegt in Bayern ganz oben, zwischen Frankenwald und Fichtelgebirge, und lockt mit einer Alt-stadt im Biedermeierstil. Einen tollen Blick hat man vom *Theresienstein* aus, einem bezaubernden Landschafts-park mit künstlicher Burgruine, Bier-garten und hochherrschaftlichem Ju-gendstil-Wirtschaftsgebäude *(zurzeit wegen Sanierung geschl.).* 🗺 M2

### 🔢 FERNWEHPARK 🐾

*32 km / 35 Min. von Presseck mit dem Auto*

Fernreiselust kriegst du schnell in Oberkotzau: 3000 Orts- und Straßen-schilder aus aller Welt lassen dich hier von Abenteuern träumen. Von Rio bis Dubai sind es dort nur wenige Schritte. <mark>Wenn du bei deinem Besuch ein neues Ortsschild spendierst, kriegst du eine kos-tenlose Führung.</mark> *Tgl. | Eintritt frei | Fa-brikstr. 11 | fernweh-park.de | ⏱ 0,75 h | 🗺 M2*

INSIDER-TIPP
**Deine Stadt bei Hof**

### 🔢 SELB

*58 km / 50 Min. von Presseck mit dem Auto*

Vielleicht steht es auch auf deinem Esstisch: Porzellan aus Selb (16 500 Ew.), das in der ganzen Welt verkauft wird. 1857 begann Lorenz Hutschenreuther hier mit der Produk-tion von Porzellan, und viele Unter-nehmer taten es ihm gleich. Noch heute sind zahllose Firmen vor Ort, etwa Rosenthal oder Villeroy & Boch. Im *Porzellangässchen* schlenderst du über ein wahrhaft teures Pflaster aus 55 000 farbigen Porzellanfliesen. Mehr als 45 000 Mosaikteile stecken im *Porzellanbrunnen* am Martin-Lu-ther-Platz. Achte auch auf das *Glocken-spiel* aus echtem Meißener Porzellan am Rathaus, dessen 22 Glocken täg-lich um 11, 13, 15 und 17 Uhr erklin-gen. Zwei Museen *(porzellanikon.org | je ⏱ 2 h : Porzellanikon Selb | Di–So 10–17 Uhr | Eintritt 5 Euro, So 1 Euro | Werner-Schürer-Platz 1; Porzellanikon Hohenberg | Di–So 10–17 Uhr | Eintritt 3 Euro, So 1 Euro | Schirndinger Str. 48)* informieren über das „weiße Gold". 🗺 M2

# BAYREUTH

(📖 L3) **Für Fans von Richard Wagner (1813–1883) ist Bayreuth (75 600 Ew.) ein Muss.**

Der Komponist entdeckte die Stadt 1870 als den Ort, an dem er seine Werke in einem eigenen Festspielhaus aufführen wollte. Heute pilgern Tausende jedes Jahr zu den Festspielen und folgen seinen Spuren in der Stadt. Der Besuch Bayreuths lohnt sich aber auch wegen weiterer Sehenswürdigkeiten, die dem Einfluss des markgräflichen Ehepaars Friedrich und der aus Preußen eingeheirateten Wilhelmine geschuldet sind. Die Markgräfin (1709–58), Schwester von Friedrich dem Großen, verwandelte die in ihren Augen reizlose Stadt in eine Kulturmetropole.

## SIGHTSEEING

### FESTSPIELHAUS

Das Markgräfliche Opernhaus hatte Richard Wagner wie magisch angezogen, doch es stellte sich als zu klein und zu prächtig dekoriert für die Festspiele heraus, die er im Sinn hatte. Kurzerhand ließ er also das vergleichsweise schlichte, funktionale Festspielhaus (1872–75) bauen, das bis heute durch seine einzigartige Akustik beeindruckt. Seit 1876 ist es Schauplatz der weltberühmten Richard-Wagner-Festspiele. Das Orchester spielt im bis zu 12 m tiefen Orchestergraben überwiegend verdeckt. Karten musst du zwar Jahre im Voraus buchen, Besichtigungen sind aber jederzeit möglich. *Führungen Sept.–Okt. tgl. 10, 11, 14, 15, Nov., Jan.–März tgl. 14, Dez. auch 10 Uhr | Eintritt 7 Euro | Festspiel-*

An Bayreuths „Canal Grande" Pause machen, Eis schlecken und Füße kühlen

*hügel 1–2 | bayreuther-festspiele.de |*
⏱ *1 h*

## URWELTMUSEUM 👥

Im Garten stehen lebensgroße Dinosauriermodele, innen erklärt ein begehbarer Goldkristall den Aufbau eines Atoms. Das Urweltmuseum ist der Garten Eden für Dinofans und Forschergeister. *Di–So 10–17 Uhr | Eintritt 3,50, Schüler 2,50 Euro | Kanzleistr. 4 | urwelt-museum.de |* ⏱ *1 h*

## MARKGRÄFLICHES OPERNHAUS ⭐

Egal, was auf der Bühne passiert: An den Holzschnitzereien und den opulenten Goldverkleidungen siehst du dich im Leben nicht satt! Drei Stockwerke hoch ragen Prunk und Pracht bis in den Himmel des Deckenfreskos. Das Opernhaus, ein ganz aus Holz gefertigtes Logentheater mit bemalter Leinwand, ist eins der besterhaltenen und schönsten Barocktheater überhaupt. Markgräfin Wilhelmine (1709–58) ließ es von 1744 bis 48 ausbauen, 2012 wurde es zum Unesco-Weltkulturerbe erklärt. Vor allem in den Sommermonaten gibt es Konzerte und Aufführungen, ansonsten sind Besichtigungen möglich. Achte dabei auf die Beleuchtung im Rang des Zuschauerraums vor der linken Trompeterloge: Die elektrischen Lampen ließ Märchenkönig Ludwig II., Wagnerianer und Technikfreak, Ende des 19. Jhs. installieren.

**INSIDER-TIPP Erleuchtung vom Märchenkönig**

*April–Sept. tgl. 9–18, Okt.–März 10–16 Uhr I Eintritt 8 Euro | Opernstr. 14 | short.travel/frk8 |* ⏱ *0,75 h*

## NEUES SCHLOSS

Ein Neues Schloss gibt's in Bayreuth gleich zweimal: eins in der Parkanlage Eremitage, eins in der Bayreuther Innenstadt, und um dieses geht es hier. Als der Vorgängerbau 1753 abbrannte, ließ das Markgrafenpaar ein neues Rokokoschloss direkt neben dem heutigen Hofgarten bauen, inklusive Salon mit Golddecke, Palmenzimmer mit kostbarer Nussholzvertäfelung und vergoldeten Palmen und Japanischem Zimmer. Die ehemalige Stadtresidenz der Markgrafen (1753) besitzt eine Staatsgalerie mit 80 Meisterwerken des späten Barock. *April–Sept. Di–So 9–18, Okt.–März 10–16 Uhr | Eintritt 5,50 Euro | short.travel/ frk2 |* ⏱ *1 h*

## JEAN-PAUL-MUSEUM

Zu seiner Zeit war Jean Paul (1763–1825) vor allem bei der Damenwelt teilweise beliebter als Goethe: Der Dichter schrieb gefühl- wie geheimnisvoll. Bilder, Porträts und Briefe erinnern an ihn. *Sept.–Juni Di–So 10–12 u. 14–17, Juli–Aug. tgl. 10–17 Uhr | Eintritt 2 Euro | Wahnfriedstr. 1 | short. travel/frk9 |* ⏱ *1 h*

## EREMITAGE, ALTES SCHLOSS UND WASSERSPIELE

Eine künstliche Grotte, eine Ruine, ein Sonnentempel, Wasserspiele und viele weitere Beispiele barocker Gartenkunst machen die Eremitage zu einer der prachtvollsten Parkanlagen Europas. Und mittendrin das Neue und das Alte Schloss. Letzteres wurde 1715 von Markgraf Georg Wilhelm erbaut. Im Rahmen einer Führung siehst du

Der „Schöne Hof" der Plassenburg verdankt seinen Namen den ornamentreichen Arkaden

das Musikzimmer, das Japanische Kabinett und das Chinesische Spiegelscherbenkabinett. *April–Sept. tgl. 9–18, 1.–15. Okt. 10–16 Uhr, Park ganzjährig offen, Wasserspiele Mai–Okt. jede Stunde: oberes Bassin 10–18, untere Grotte 10.15–17.15 Uhr | Eintritt 4,50 Euro, Park: Eintritt frei | short. travel/frk3 | ⏱ 2 h*

### ESSEN & TRINKEN

### LIEBESBIER

Du bekommst hier handverlesene Bierkreationen aus Franken, Bayern und der ganzen Welt aufgetischt und hast die Qual der Wahl aus über 100 Bieren vom Fass oder aus der Flasche. Als Unterlage kannst du etwa Burger oder Blumenkohl essen oder, wenn du auch beim Essen den Geschmack deines Lieblingsgetränks nicht missen magst, Biersuppe. *Tgl. | Andreas-Maisel-Weg 1 | Tel. 0921 46 00 80 20 | liebesbier.de*

### WOLFFENZACHER

Wildcurrywurst und Wildschweinleberkäse: Ein Lokal, das den Wolf im Namen hat, muss solch wilde Köstlichkeiten auftischen – und das inmitten historischer Fotos, Musikinstrumenten und Uhren an holzvertäfelten Wänden. *Mi geschl. | Badstr. 1 | Tel. 0921 6 45 52 | wolffenzacher.de | €€*

### MANN'S BRÄU ⚑

Hier freuen sich Bayreuther Urgesteine aufs dunkle Bier der Becher-Brauerei und auf Schäuferla. Wenn sich Touristen unter die Einheimischen mischen, dann freuen sich Erstere auch über diese Originale. *Tgl. | Friedrichstr. 32 | Tel. 0921 1 63 89 88 | €*

### SHOPPEN

**BAYREUTH SHOP**
Als Fan der Stadt deckst du dich hier mit Souvenirs, z. B. Wagner-Büsten und Bayreuth-Regenschirmen, ein, die dich daheim an die schöne (Festspiel-)Zeit erinnern. *Opernstr. 22*

# RUND UM BAYREUTH

### 15 SCHLOSS FANTAISIE & GARTENKUNSTMUSEUM

*6 km / 15 Min. von Bayreuth mit dem Bus*

In einem Landschaftspark 5 km außerhalb bei Donndorf-Eckersdorf stellen Ausstellungsstücke und Kurzfilme in einem Lustschlösschen (1761–65) die Geschichte der Gartenkunst dar. *April–Sept. Di–So 9–18, 1.–15. Okt. 10–16 Uhr, Park ganzjährig offen | Eintritt 3,50 Euro, Park: Eintritt frei | Bamberger Str. 3 | gartenkunst-museum. de | ⊙ 0,75 h | ▥ L3*

### 16 KULMBACH

*23 km / 30 Min. von Bayreuth mit dem Auto*

Bei Kulmbach (26 000 Ew.) fließen unterhalb von Schloss Steinenhausen Roter und Weißer Main zum Main zusammen. Eine Brücke führt über die Vereinigung, die Rotmain- und Mainradweg verbindet. Die Rokoko-Altstadt ist malerisch, ein Besuch des *Deutschen Zinnfigurenmuseums (April–Okt. tgl. 9–18, Nov.–März 10–16*

*Uhr | Eintritt 4,50 Euro | short.travel/ frk4 | ⊙ 1,5 h)* auf der *Plassenburg* lohnt sich. Mit über 300 000 Figuren ist es die größte Sammlung der Welt. Die trutzige Burg (13. Jh.) mit dem eindrucksvollen Renaissancehof und den markgräflichen Prunkräumen war lange ein Vorbild des Festungsbaus. Hier sind auch das *Landschaftsmuseum Obermain* und das *Armeemuseum Friedrich der Große* untergebracht. Wähle hinterher in einer der Kneipen der Stadt eine der 28 Biersorten, die in den Kulmbacher Brauereien produziert werden. *▥ K3*

### 17 HERRMANNS ROMANTIK-POSTHOTEL

*22 km / 20 Min. von Bayreuth mit dem Auto*

In Wirsberg speist du exklusiv. Die Sterneküche von Fernsehkoch Alexander Herrrmann serviert etwa Fränkischen Schiefertrüffel, der ausschließlich hier wächst (Reservierung erforderlich!). *Nur abends, So geschl. | Marktplatz 11 | Tel. 09227 20 80 | herrmanns-posthotel.de | €€€ | ▥ L3*

# FICHTEL-GEBIRGE

*(▥ L–M 2–3)* **Hier bist du on the top: Früher galt der Ochsenkopf (1024 m) als höher, dann wurde nochmals nachgemessen, mit dem Ergebnis, dass es sich beim Schneeberg mit 1051 m um den höchsten Berg Frankens handelt.**

Was den Tourismus betrifft, gewinnt der Ochsenkopf das Kopf-an-Kopf-Rennen: Die Aussicht vom Gipfel ist besser, hier kannst du Ski fahren, im Alpine Coaster den Berg hinabsausen und zahllose Loipen entlanggleiten. Wer die Einsamkeit bevorzugt, ist beim großen Bruder besser dran. Das verwunschene Fichtelgebirge ist es wert, entdeckt zu werden, etwa von einem der gemütlichen Orte inmitten der hügeligen Märchenlandschaft aus.

## SIGHTSEEING

### WILDPARK WALDHAUS MEHLMEISEL 🐾
Hier geben sich Fuchs und Hase, Wildschweine und Hirsche ein Stelldichein. Über einen Hochsteg kannst du ihnen dabei zusehen – oder bei der Wildtierfütterung täglich um 14 Uhr, im Sommer zusätzlich um 16.30 Uhr. *Sommer tgl. 10–18, Winter bis 16 Uhr | Eintritt 5 Euro, Kinder 3 Euro | Waldhausstraße 100 | waldhaus-mehlmeisel.de | ⊙ 2,5 h*

### BESUCHERBERGWERG GLEISSINGER FELS
Wenn du mit Grubenlampe und Bergmannshelm ausstaffiert bist, darfst du mitkommen in das über 500 Jahre alte Silberbergwerk, das einen Einblick in die Bergbautradition des Fichtelgebirges gibt. *April–Okt. tgl. 11–16 Uhr | Eintritt 6 Euro | Fichtelberg | besucherbergwerk-fichtelberg.de | ⊙ 1 h*

### FICHTELSEE
Hier geht: am Ufer faulenzen, eine gemütliche, 2,5 km lange Spazierrunde

um den 10 ha großen See drehen, schwimmen, Boot fahren und Stand-up-Paddling ausprobieren – all das in romantischer Kulisse. Das Board kannst du bei *Leinen Los (Fichtelberg | Tel. 09242 7 40 93 00)* leihen, Boote vermietet das *Waldhotel am Fichtelsee (Fichtelberg | Tel. 09272 96 40 00)*.

### WUNSIEDEL
Bei Wunsiedel (9300 Ew.) liegt der zweite grüne Hügel Oberfrankens: Auf einer Naturbühne finden die *Luisenburg-Festspiele (luisenburg-festspiele.de)* statt. Riesige Felsen sorgen für eine eindrucksvolle Kulisse. Gleich nebenan befindet sich der Eingang zu Europas größtem 🐾 *Felsenlabyrinth (April–Okt 8.30–16, Festpielzeit Juni–Aug. 8.30–19 Uhr | Eintritt 4,50 Euro, Kinder 2 Euro)*. Auf einem Rundweg gelangst du über schmale Gänge und vorbei an Höhlen zu eindrucksvollen Gesteinsformationen. Wenn du es auf den Gipfel der 939 m hohen *Großen Kösseine* schaffst, wirst du mit einem Blick bis zur Rhön belohnt. Um den Gipfel herum breitet sich ein Meer aus blauen Granitblöcken aus. Wenn du dich sattgesehen hast, dann kannst du im *Kösseinehaus (Mo geschl., Nov.–März auch Di | Tel. 09232 20 61 | das-koesseinehaus.de | €)* auch deinen Hunger stillen.

**INSIDER-TIPP Rundum-Blick mit Wow-Faktor**

### ERIKA-FUCHS-HAUS 🐾
Willkommen in Entenhausen! Comic-Übersetzerin Erika Fuchs lebte in Schwarzenbach an der Saale und lehrte Donald Duck Deutsch sprechen. Sie

legte ihm Laute wie „ächz", und „stöhn" oder „krawumm" in den Mund. Hier kannst du ihr Werk bewundern – und

dich wie Dagobert Duck fühlen: Nimm im Nachbau von Entenhausen ein Bad im Geldspeicher, vielleicht kriegst du dann auch Dollarzeichen in den Augen. *Di–So 10–18 Uhr | Eintritt 5 Euro, Kinder 3 Euro | Bahnhofstr. 12 | erika-fuchs.de | ⏱ 1,5 h*

### ESSEN & TRINKEN

#### WIRTSHAUS GLÄSSL
Der Fisch springt aus dem hauseigenen Weiher gefühlt direkt auf deinen Teller. Achte beim Schlemmen im ehemaligen Schwander'schen Burggut darauf, dass im Bauch noch Platz für eine altfränkische Nachspeise wie Hollerküchle oder arme Ritter bleibt. *Di geschl. | Göpfersgrün | Tel. 09232 91 77 67 | wirtshausimgut.de | €€*

### SPORT & SPASS

#### SKIFAHREN/ALPINE COASTER
Tief(schnee) beeindruckt kannst du über die Tatsache sein, dass es am Ochsenkopf bis zu 100 Skitage gibt. Mit 2,3 km ist die Abfahrt Ochsenkopf-Nord für einen Mittelgebirgshang ordentlich, insgesamt gilt es, vier Pistenkilometer *(Tagesskipass ab 18 Euro)* hinabzurutschen. Zu den Liften kommst du in Warmensteinach oder Bischofsgrün. Es gibt Skischulen am Fuß der Nordabfahrt sowie bei der Südabfahrt. Langläufer lieben die 100 Loipenkilometer am Ochsenkopf,

alles ist ausgeschildert. Alternativ saust du sommers wie winters auf den Rodeln des *Alpine Coaster (ab 4,50 Euro | ochsenkopf.info)* bis zu 40 km/h schnell den Berg hinab. Start ist an der *Talstation Süd (Fleckl 40 | Warmensteinach)* oder an der *Talstation Nord (Fröbershammer 27 | Bischofsgrün)*.

#### ZIPLINEPARK
Wie am Schnürchen läuft es im Ziplinepark an der Talstation Süd des Ochsenkopfs. Gut gesichert schießt du über 16 Seilstrecken per Seilrolle zwischen den Bäumen hindurch 2 km den Berg hinab. Auf Baumplattformen in über 20 m kannst du dich zwischendurch erholen. *März–Nov. Sa/So, bayer. Ferien auch Mi–Fr, Start 10 und 13.30 Uhr | ab 35 Euro | ziplinepark.info*

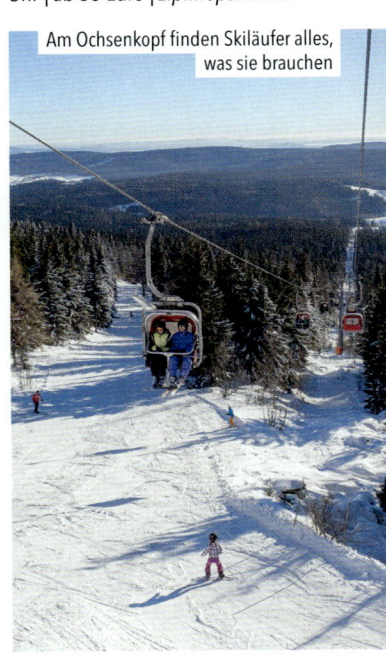

Am Ochsenkopf finden Skiläufer alles, was sie brauchen

# ERLEBNIS TOUREN

Lust, die Besonderheiten der Region zu entdecken? Dann sind die Erlebnistouren genau das Richtige für dich! Ganz einfach wird es mit der MARCO POLO Touren-App: Die Tour über den QR-Code aufs Smartphone laden – und auch offline die perfekte Orientierung haben.

## ❶ AN DEN BASALTSÄULEN DER RHÖN

- ➤ Über die imposanten Säulen staunen
- ➤ Durch den Teufelskeller kriechen
- ➤ Köstliche Rhönforellen futtern

| | | | |
|---|---|---|---|
| 📍 | Haus der Langen Rhön |  | Fischerhütte Edwin |
| → | 23 km | 🚶 | 1 Tag, reine Gehzeit 4,5 Stunden |
| 📶 | Schwierigkeit: leicht | ↗ | Höhenmeter: 390 m |
| ℹ | Mitnehmen: kleines Handtuch | | |

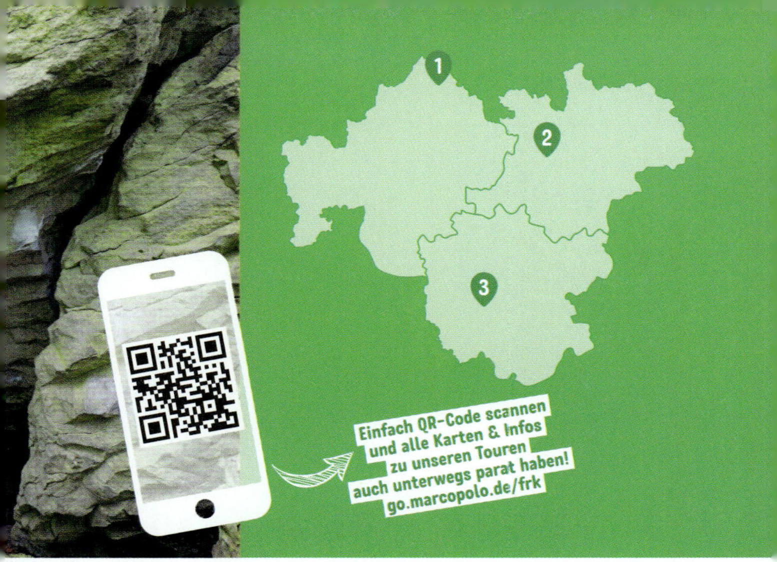

Einfach QR-Code scannen und alle Karten & Infos zu unseren Touren auch unterwegs parat haben! go.marcopolo.de/frk

## FUSSBAD IM BASALTSEE

Bevor du aufbrichst, machst du dich im ❶ **Haus der Langen Rhön** *(April–Okt. Mi–Mo 10–17, Nov.–März bis 16 Uhr | Unterelsbacher Str. 4 | Oberelsbach | Tel. 09774 91 02 60 | naturpark-rhoen.de)*, der Informationsstelle des Biosphärenreservats, über die Rhön und ihre vulkanische Entstehung schlau. Hier hast du zudem Gelegenheit, dich mit nachhaltig erzeugten Produkten aus der Region einzudecken. *Los geht es Richtung Sportplatz, du folgst dem Wanderhinweis mit dem grünen Ö.* Durch einen Wald mit altem Baumbestand gelangst du zum ❷ **Basaltsee**, der sich zwar nicht zum Baden, aber durchaus zum Abkühlen heiß gelaufener Füße eignet. Der See hat seinen Namen von der etwa 6 m hohen, imposanten Wand aus steil himmelwärts strebenden Basaltsäulen am Ufer.

Diese kannst du bei einer Erfrischung am kleinen **Kiosk** *(April–Okt tgl. ab 10 Uhr)* bestaunen, bevor du dem *Wanderzeichen H* zum ❸ **Maihügel** folgst. Oben hast du einen herrlichen Blick auf die Rhön und ihre Gipfel. Von diesem Punkt aus weist dir der *rote Pfeil des Wanderwegs HWO 5* den Weg durch Wälder und an üppigen Lupinenwiesen entlang, bis du vor der bewirtschaf-

| ❶ **Haus der Langen Rhön** | |
|---|---|
| **6 km** | 1 h 30 min |

| ❷ **Basaltsee** | |
|---|---|
| **1 km** | 30 min |

| ❸ **Maihügel** | |
|---|---|
| **4 km** | 1 h |

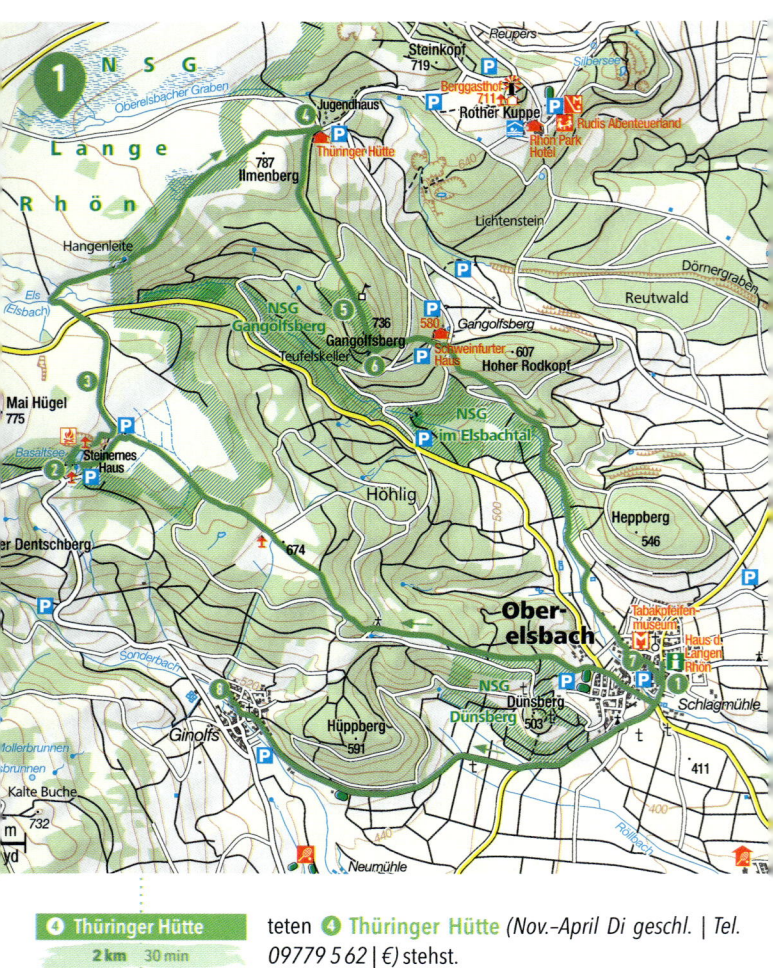

| **4 Thüringer Hütte** |
|---|
| **2 km**   30 min |

| **5 Prismenwand** |
|---|
| **0,5 km**   8 min |

| **6 Teufelskeller** |
|---|
| **4 km**   1 h |

teten **4 Thüringer Hütte** (*Nov.–April Di geschl. | Tel. 09779 5 62 | €*) stehst.

### IM 1,50 M HOHEN TEUFELSKELLER

Halt nach dem Mittagessen Ausschau nach dem *grünen Pfeil*, der dich Richtung Gangolfsberg leitet, bis du den Wegweisern zur **5 Prismenwand** folgst. In einem eindrucksvollen Panorama ragen unzählige sechskantige Basaltsäulen aus dem Berg. In der Nähe findest du den **6 Teufelskeller**, eine kleine, nur 1,50 m hohe Höhle, die Entdeckungslustige begehen bzw. „bekriechen" können. *Ab hier führt dich der rote Pfeil* entlang des Bachs Els durch das herrliche Naturschutzgebiet Mühlwiesen.

### ALTE PFEIFEN UND FRISCHE FISCHE

Zurück in Oberelsbach wartet das **7 Valentin-Rathgeber-Haus** *(April–Okt. Mi, Sa/So 13–17 Uhr | Eintritt 1,50 Euro | rhoenline.de/tabakpfeifenmuseum)* auf deinen Besuch. Das Geburtshaus des Barockkomponisten birgt nicht nur eine Ausstellung zu dessen Leben und Werk, sondern auch Deutschlands erstes **Tabakpfeifenmuseum** – und keine Sorge: Du darfst auch als Nichtraucher hinein. Mit Fisch aus den klaren Rhönbächen beschließt du den Wandertag: Die **8 ☎ Fischerhütte Edwin** *(Mo/Di geschl. | Herbertsweg 1 | Tel. 09774 85 83 38 | fischerhuette-edwin.de | €–€€)* im per Auto zu erreichenden Ortsteil **Ginolfs** ist ein echter Geheimtipp. Wenn du hinterher nicht am Steuer sitzt, lässt du dir den zum Fischgericht passenden Frankenwein empfehlen. Kinder kriegen hier die Luxusvariante ihres Lieblingsgerichts: Die Fischstäbchen sind panierte Stücke vom Rhönforellenfilet.

**INSIDER-TIPP**
**Fischstäbchen für Mini-Gourmets**

| **7 Valentin-Rathgeber-Haus** | |
|---|---|
| **5 km** | **10 min** |

| **8 Fischerhütte Edwin** |
|---|

## 2 ZUM HEIL'GEN VEIT VON STAFFELSTEIN

➤ Wanderbrotzeit frisch aus dem Holzofen
➤ Sich in der großartigen Aussicht vom Staffelberg verlieren
➤ Bier trinken bei den vierzehn Heiligen

| | | | |
|---|---|---|---|
| 📍 | Holzofenbäckerei Schauer | 🏁 | Staffelberg-Bräu |
| → | 28 km | 🚶 | 1 Tag, reine Gehzeit: 3 Stunden |
| 📊 | Schwierigkeit: leicht | ↗ | Höhenmeter: 400 m |
| ℹ | Mitnehmen: Badesachen | | |

## OFENWARME VERPFLEGUNG

Besorg dir für deine Wanderung Ofenfrisches in der ❶ Holzofenbäckerei Schauer *(Serkendorfer Str. 16 | uetzinger-holzofenbrot.de)* im Stadtteil Uetzing. Bäckermeister Nikolaus Schauer zeigt dir gern bei einer kurzen Führung durch die Backstube, wie er Holzofenbrot und vieles andere herstellt. Die eigentliche Tour startet am ❷ Friedhof in Bad Staffelstein➤ S. 112. Von dort geht es *über eine Fußgängerbrücke über die A 73 auf gut ausgeschildertem Weg* durch Felder und Wald hinauf zum 539 m hohen ❸ Staffelberg mit seinen steil abfallenden Felsen.

INSIDER-TIPP
**So geht Backen**

## GESCHICHTSTRÄCHTIGER AUSBLICK

Auf dem bis ins 4./5. Jh. n. Chr. besiedelten Hochplateau lag einst das keltische Oppidum Menosgada. Hinweistafeln informieren über das Leben der Kelten auf dem Berg. Von der Felskante geht bei klarem Wetter der Blick bis hinüber nach Thüringen – atemberaubend! Schönster und aussichtsreichster Platz für deine Frühstückspause ist die Bank zwischen dem Gipfelkreuz und der Frankenfahne auf dem Felsplateau des Staffelbergs.

## BESUCH IN WICHTELHAUSEN

Am westlichen Rand des Staffelbergs kannst du zu einer kleinen Höhle hinuntersteigen, in der der Sage nach die Querkel, eine Art Wichtel, gehaust haben sollen. Gegenüber steht die kleine Adelgundiskapelle aus dem 17. Jh., in deren Nachbarschaft bis zum Jahr 1929 Eremiten wie der von Victor von Scheffel erwähnte Veit lebten. *Von dort ist der gut befestigte Weg auf dem Höhenrücken nach Vierzehnheiligen ausgeschildert.* Aufmerksame Wanderer können auf den Feldern am Wegesrand Versteinerungen kleiner Tiere aus dem einstigen Jurameer finden.

## NOTHELFER-TRUNK AN DER WALLFAHRTS-KIRCHE

Nach knapp einer Stunde erreichst du ❹ Vierzehnheiligen. Zeit für eine deftige Brotzeit und einen Nothel-

fer-Trunk, wie sich der hier gebraute Gerstensaft nennt, im Biergarten der **Alten Klosterbrauerei** *(tgl. | €)* gleich links. Nach einer Besichtigung der großartigen barocken **Wallfahrtskirche ➤ S. 113** und einem Bummel entlang der Buden mit den kitschigen Devotionalien *biegst du hinter dem Gasthof Stern links ab und* wanderst steil bergab und an Kreuzwegstationen vorbei *in Richtung Wolfsdorf und zurück nach Bad Staffelstein.*

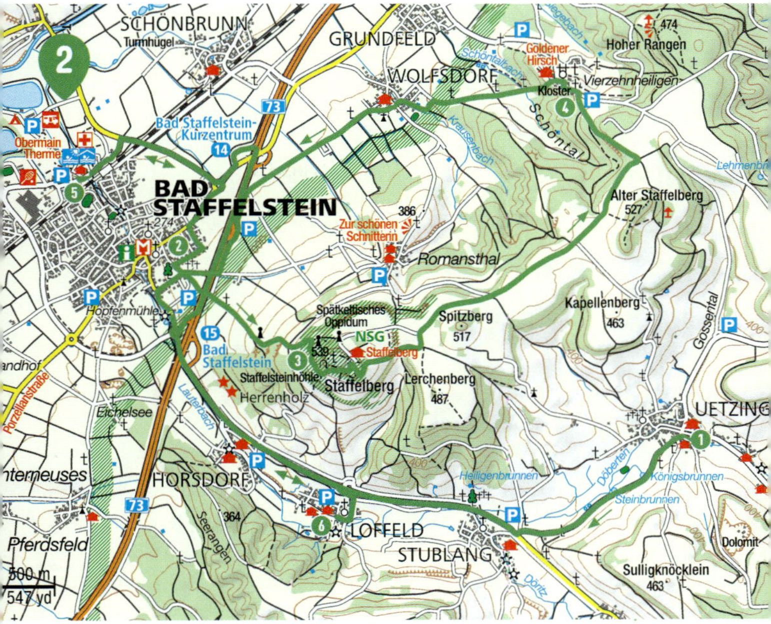

## BEINE HOCHLEGEN IN DER THERME
Deine wandermüden Glieder erholen sich wunderbar im 34 Grad warmen Solewasser der ❺ **Obermain-Therme ➤ S. 113** und im angeschlossenen riesigen Saunaland mit elf Themensaunen, bevor du im urigen Ambiente der Brauerei ❻ **Staffelberg-Bräu** *(Mo geschl. | Mühlteich 7 | Tel. 09573 59 25 | staffelberg-braeu.de | €–€€)* im Ortsteil **Loffeld** zu Abend isst.

❺ Obermain-Therme

7 km    7 min

❻ Staffelberg-Bräu

# ❸ ROMANTIK PUR IN MITTELFRANKEN

➤ **Leckeres aus Kohl in Merkendorf**
➤ **Fachwerkidylle in Dinkelsbühl**
➤ **Pokern in Feuchtwangen**

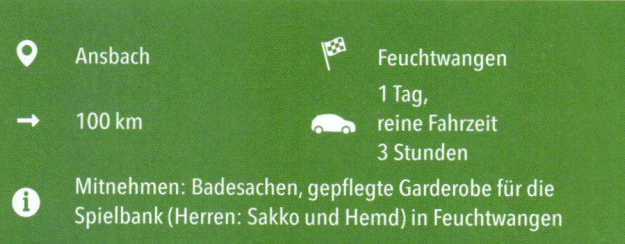

📍 Ansbach

🏁 Feuchtwangen

→ 100 km

🚗 1 Tag,
reine Fahrzeit
3 Stunden

ℹ️ Mitnehmen: Badesachen, gepflegte Garderobe für die
Spielbank (Herren: Sakko und Hemd) in Feuchtwangen

❶ **Ansbach**
**10 km**   10 min
❷ **Lichtenau**
**8 km**   10 min

❸ **Wolframs-Eschenbach**
**8 km**   15 min

❹ **Hofladen der Familie Reuter**
**5 km**   10 min
❺ **Flussbad**
**14 km**   15 min

## BEGEGNUNG MIT EINEM DICHTER

Du startest in der Residenzstadt ❶ Ansbach ➤ S. 55
und gelangst *nach wenigen Kilometern über die Staatsstraße 2223* nach ❷ Lichtenau mit seiner sehenswer-
ten Festung, die als Staatsarchiv genutzt wird, weshalb
du nur um die Außenanlagen spazieren kannst. *Auf der
Kreisstraße AN 12 geht es in südlicher Richtung* nach
❸ Wolframs-Eschenbach ➤ S. 58. Park direkt vor der
Stadtmauer und schlendere durch das enge Stadttor
hinein in das Städtchen, das dem Parzivaldichter Wolfram von Eschenbach seinen Namen gab. Das gotische
Münster *(Sommer tgl. 8.30–19, Winter bis 18 Uhr)* beeindruckt mit wertvollen Schnitzaltären.

## SAUERKRAUT & SEEPICKNICK

Weiter geht die Fahrt *über die Staatsstraße 2220* in das
von einer Stadtmauer mit kleinen Türmen umgebene
Merkendorf ➤ S. 59, das sich als Sauerkrautstadt einen Namen gemacht hat. Kraut in allen Variationen
gibt es im ❹ Hofladen der Familie Reuter *(Heglau 8 |
merkendorfer-kraut.de)*. Nach kurzer Fahrt kommst du
im fast 1200 Jahre alten Ornbau an. Fahr *durch den Ort
und über die steinerne Altmühlbrücke* in den nahen
Ortsteil Gern. Am Altmühlzuleiter lädt ein ❺ Flussbad
*(jederzeit zugänglich | Eintritt frei)* zu einer Erfrischung

ein. An der dortigen **Freizeitanlage** *(April–Okt. tgl. ab 10 Uhr)* mietest du danach ein Tretboot für eine Spritztour auf dem See.

*Auf gut ausgebauten, aber verkehrsarmen Staatsstraßen geht es über Arberg weiter zum* **❻ Schlosspark Dennenlohe ➤ S. 59** mit seinem einzigartigen, an einem See gelegenen botanischen Garten, in dem du deine Picknickdecke ausbreitest. Danach geht die Fahrt *über Unterschwaningen, Wassertrüdingen und Gerolfingen Richtung Dinkelsbühl* weiter. Unterwegs lohnt sich ein Abstecher auf den **❼ Hesselberg ➤ S. 62**. *Dazu folgst du der Hesselbergstraße am westlichen Ortsrand von Gerolfingen.* Diese endet an einem **Kiosk** *(Sa/So 12–17 Uhr)* unterhalb des Gipfels, den du nach einem kurzen Fußmarsch erreichst.

### AB INS MITTELALTER!

Von Gerolfingen bist du in wenigen Minuten im romantischen **❽ Dinkelsbühl ➤ S. 62** mit seinen vielen Türmen und den schmucken Giebelhäusern am Weinmarkt. Einen herrlichen Blick auf die Stadt hat man vom Turm des Münsters **St. Georg** *(Eintritt 1,50 Euro)*, den du zwischen Mai und Oktober von Freitag bis Sonntag jeweils zwischen 14 und 17 Uhr besteigen darfst. Für eine Einkehr bietet sich die Brauereigaststätte **Zum Wilden Mann** *(Mi geschl. | Wörnitzstr. 1 | Tel. 09851 55 25 25 | wildermann-dinkelsbuehl.de | €–€€)* an.

### ERST BETEN, DANN ZOCKEN

*Über Schopfloch* erreichst du **❾ Feuchtwangen ➤ S. 63** mit seinem schönen Marktplatz. Neben der gotischen **Stiftskirche** solltest du dir auch den daran anschließenden romanischen **Kreuzgang** ansehen. Spielchen gefällig? In der **Spielbank Feuchtwangen** *(tgl. ab 15 Uhr | Am Casino 1 | spielbanken-bayern.de/feuchtwangen)* liegen Glück und Pech bei Roulette, Blackjack oder Poker nah beisammen.

| ❻ Schlosspark Dennenlohe | |
| --- | --- |
| **18 km** | 35 min |

| ❼ Hesselberg | |
| --- | --- |
| **18 km** | 40 min |

| ❽ Dinkelsbühl | |
| --- | --- |
| **21 km** | 30 min |

| ❾ Feuchtwangen | |
| --- | --- |

# GUT ZU WISSEN
## DIE BASICS FÜR DEINEN URLAUB

# ANKOMMEN

### ANREISE

Franken ist verkehrstechnisch bestens angebunden, da sich hier die wichtigsten Ost-West- und Nord-Süd-Verbindungen Europas treffen. Mit der A 7, der A 3, der A 9 und anderen Autobahnen treffen in Franken gut ausgebaute Fernstraßen zusammen. Weich zum Ferienstart auf kleinere Straßen wie die Romantische Straße (B 2) aus, denn bei Aschaffenburg, Würzburg und Nürnberg gibt es oft kilometerlange Staus. Über zahlreiche ICE-Verbindungen bist du flugs etwa in Würzburg, Nürnberg und Bamberg, und auch mit Fernbussen gelangst du in alle größeren Städte.

**INSIDER-TIPP**
**Raus aus dem Stau!**

Für Flugreisende ist der Nürnberger Albrecht Dürer Airport Zielflughafen. Die U-Bahn bringt dich von dort für 2,75 Euro in 13 Minuten zum Hauptbahnhof. Eine Taxifahrt vom Flughafen zum Hauptbahnhof kostet rund 25 Euro und dauert etwa 20 Minuten.

### AUSKUNFT

**TOURISMUSVERBAND FRANKEN E. V.**
*Pretzfelder Str. 15 | 90425 Nürnberg | Tel. 0911 94 15 10 | frankentourismus.de*

**TOURIST INFORMATION FRÄNKISCHES SEENLAND**
*Hafnermarkt 13 | 91710 Gunzenhausen | Tel. 09831 50 01 20 | fraenkische-seen.de*

**TOURISMUSVERBAND FRÄNKISCHES WEINLAND**
*Turmgasse 11 | 97070 Würzburg | Tel. 0931 37 23 35 | fraenkisches-weinland.de*

In Miltenberg und vielen anderen Orten starten Ausflugsfahrten auf dem Main

### TOURIST INFORMATION RHÖN
*Rhönstr. 97 | 97772 Wildflecken-Ober-*
*bach | Tel. 09749 9 12 20 | rhoen.de*

### TOURIST INFORMATION ROMANTISCHES FRANKEN
*Gemeinschaftszentrum Frankenhöhe |*
*Am Kirchberg 4 | 91598 Colmberg |*
*Tel. 09803 9 41 41 | romantisches-*
*franken.de*

# WEITER-KOMMEN

### ÖFFENTLICHE VERKEHRSMITTEL
Mit Freizeitlinien erschließt der Ver-
kehrsverbund Großraum Nürnberg
*(vgn.de/freizeit)* umweltfreundlich mit
Bahnen und Bussen viele Urlaubsre-
gionen in Franken. So gibt es etwa
den Bocksbeutel- oder den Aischgründer Bierexpress sowie Fichtelgebirgs-
linien.
Die DB Regio bietet neben dem Bay-
ernticket, mit dem bis zu fünf Personen das Streckennetz nutzen können,
auch das *Bayern-Hopper-Ticket* an. Für
14,20 Euro kannst du damit in Bayern
ein beliebiges Ziel in bis zu 50 km Ent-
fernung ansteuern. Mehr Infos auf
*bahn.de.*
Per Bus erreichst du fast alle Orte Frankens, die Fahrpläne findest du auf den
Internetseiten des Omnibusverkehrs
Franken: *ovf.de.* Planung ist erforder-
lich, manche Verbindungen sind nur
alle paar Stunden möglich.

# IM URLAUB

### AUDIOGUIDE
Vor einigen Sehenswürdigkeiten z. B.
in Ansbach, Bayreuth, Nürnberg und

dem Naturpark Frankenwald findest du Tafeln mit Telefonnummern. Wenn du dort anrufst, bekommst du Informationen über geschichtliche und kulturelle Hintergründe des jeweiligen Objekts. Du zahlst dafür nur die Verbindungsgebühren vom Handy ins Festnetz.

## BAUERNHOFURLAUB

Da fränkische Landwirte den Tourismus erst in den letzten Jahren als Einkommensquelle entdeckt haben, sind viele Unterkünfte neu und in der Regel sehr gut ausgestattet. Die Website des Bayerischen Bauernverbands *franken-bauernhofurlaub.de* vermittelt Urlaub bei rund 150 fränkischen Anbietern. Besonders auf Kinder und ihre Bedürfnisse ausgerichtet ist das Angebot von über 20 Ferienhöfen in Mittelfranken, siehe *family-farm.de*.

## CAMPING

Entlang der Flüsse, an den großen Badeseen und in den Mittelgebirgen gibt es viele schöne, gepflegte Camping-plätze. Auch die kleineren Kommunen erweitern ihr Angebot und stellen bestens ausgestattete Wohnmobilplätze in guter Lage zur Verfügung. Aussagekräftige Informationen mit Karte findest du auf *rentocamp.de* oder beim *Deutschen Camping Club (camping-club.de)*.

## EINTRITTSPREISE

In vielen Städten Frankens bestehen Kooperationen zwischen einzelnen Museen. An den Kassen bekommst du Tickets, mit denen du gleich mehrere Ausstellungen zum vergünstigten Preis besuchen kannst.

Die *Nürnberg Card* z. B. ist ein Angebot für Übernachtungsgäste in Nürnberg oder Fürth und in vielen Hotels sowie bei den Touristinformationen erhältlich. Sie kostet 28 Euro und lässt dich in Nürnberg und Fürth zwei Tage lang alle öffentlichen Verkehrsmittel umsonst benutzen. Zudem hast du freien Zutritt zu über 40 Sehenswürdigkeiten. Kinder bis fünf Jahre erhalten die Karte kostenlos, Kinder bis elf Jahre zahlen 5 Euro.

Die drei Tage gültige *Bamberg Card* kostet 14,90 Euro und beinhaltet eine Stadtführung, Eintritt in sieben Museen und Sammlungen sowie beliebig viele Fahrten mit den Stadtbussen. Zusätzlich gibt es Ermäßigungen auf ausgewählte Angebote. Erkundige dich bei den Tourismusinformationen anderer Städte nach ähnlichen Angeboten.

## INTERNET/WLAN

In den meisten Pensionen und Hotels kannst du WLAN nutzen, ansonsten

### GRÜN & FAIR REISEN

Du willst beim Reisen deine $CO_2$-Bilanz im Hinterkopf behalten? Dann kannst du deine Emissionen kompensieren (*atmosfair. de; myclimate.org*), deine Route umweltgerecht planen (*routerank. com*) oder auf Natur und Kultur (*gate-tourismus.de*) achten. Mehr über ökologischen Tourismus erfährst du hier: *oete.de* (europaweit); *germanwatch.org* (weltweit).

# FESTE & EVENTS
## RUND UMS JAHR

### FEBRUAR

*Schneemannfest* (Bischofsgrün): Am Rosenmontag steigt ein Faschingsfest rund um den größten Schneemann Deutschlands.

### MÄRZ/APRIL

*Rother Bluestage:* Roth bebt bei Blues, Jazz und Funk. *bluestage.de*

### MAI

*Blaue Nacht* (Nürnberg): Musiker, Maler und Museen machen Blau. *blauenacht.nuernberg.de*

### JUNI

*Rock im Park* (Nürnberg): Weltberühmte Bands rocken Anfang Juni die Stadt. *rock-im-park.de*
Am Donnerstag vor Pfingsten ist *Bergkirchweih* (Erlangen): Um Pfingsten verwandelt sich der Burgberg in einen Biergarten. *berch.info*
*Africa Festival* (Würzburg): Ende Mai steigt das größte Afrikafest Europas. *africafestival.org*

### JULI

*Samba-Festival:* Coburg wird am zweiten Juliwochenende zum fränkischen Rio. *samba-festival.de*
*Bamberg zaubert:* Magier aus der ganzen Welt verzaubern am dritten Juliwochenende ihre Zuschauer. *bamberg-zaubert.mybamberg.de*
*Annafest* (Forchheim): Elf Tage wird auf 23 Bierkellern des Namenstags der hl. Anna gedacht. *alladooch-annafest.de*

### AUGUST

⚐ *Sandkerwa:* In der Altstadt feiern die Bamberger Ende August bei Fischerstechen und Bier. *sandkerwa.de*

### OKTOBER

*Hofer Filmtage:* Rund 100 Filme flimmern über die Leinwände der Stadt. *hofer-filmtage.com*

### DEZEMBER

⚐ *Nürnberger Christkindlesmarkt:* Glühwein und Bratwürste auf dem Hauptmarkt (Foto). *christkindlesmarkt.de*

gilt die Faustregel: Je kleiner und abgelegener der Ort, desto weniger Breitband. Immer häufiger aber gibt es in den Stadtzentren und an den Bahnhöfen kostenfreies WLAN.

## JUGENDHERBERGEN

Günstig und teilweise auch spektakulär übernachten – z. B. auf der Nürnberger Kaiserburg – kann in den 18 fränkischen Jugendherbergen jeder, der Mitglied im DJH ist *(Einzelreisende über 27 Jahre und Familien 22,50 Euro/Jahr, Einzelreisende bis 26 Jahre 7 Euro/Jahr)*. Wenn du auf *jugendherberge.de* in der Schnellsuche „Franken" eingibst, werden dir alle Jugendherbergen in der Region mit Link auf deren Webseite angezeigt. Und gerade wenn du in der Hauptsaison reist oder besondere Zimmerwünsche hast, solltest du darüber auch rechtzeitig buchen.

## KIRCHEN

Die meisten evangelischen Kirchen sind außerhalb der Gottesdienste abgesperrt. Es kann dir aber auch bei einer katholischen Kirche – gerade in abgelegeneren Orten – passieren, dass du diese verschlossen vorfindest. Frag dann einfach im örtlichen Pfarrhaus nach, man wird dir wahrscheinlich nicht nur aufschließen, sondern auch eine kurze Führung anbieten.

## MOTORRAD FAHREN

Franken ist ein Paradies für Motorradfahrer. Vor allem in der Fränkischen Schweiz, aber auch in den Haßbergen, im Fichtelgebirge oder in der Rhön gibt es kurvenreiche Strecken, die das Bikerherz höherschlagen lassen. Vorschläge macht der Tourismusverband Franken unter *frankentourismus.de/motorrad-touren*.

Vorsicht ist vor allem an Wochenenden und bei schönem Wetter geboten, wenn Hunderte Biker durch die Kurven flitzen. Immer wieder kommt es dann zu gefährlichen Situationen, ereignen sich Unfälle. Besser ist es dann, die „Rennstrecken" in den Tälern zu meiden und auf die nicht so stark befahrenen, aber nicht weniger reizvollen Nebenstrecken auszuweichen.

### WAS KOSTET WIE VIEL?

| | |
|---|---|
| **Bratwurst** | 3 Euro |
| | *am Würstchenstand* |
| **Bier** | 3,10 Euro |
| | *für 0,5 l aus der* |
| | *lokalen Brauerei* |
| **Wein** | ab 5,50 Euro |
| | *für eine Flasche* |
| | *Frankenwein* |
| **Eintritt** | 7 Euro |
| | *für einen Besuch in* |
| | *der Nürnberger* |
| | *Kaiserburg* |
| **Wellness** | ab 10 Euro |
| | *für einen Besuch in* |
| | *der Therme* |
| **Fahrkarte** | ab 10 Euro |
| | *für eine Schiffsfahrt* |
| | *auf dem Main* |

## ÖFFNUNGSZEITEN

Im Freistaat dürfen die Läden nur montags bis samstags zwischen 6 und 20 Uhr öffnen. Gaststätten haben – vor allem im ländlichen Raum – oft einen

Ruhetag, und auch nachmittags stehst du häufig vor verschlossenen Türen oder bekommst nur bis etwa 20.30 Uhr warmes Essen.

## VERANSTALTUNGEN

Viele Städte betreiben auf ihrer Website einen Veranstaltungskalender, den du bei der jeweiligen Touristinformation auch gedruckt erhältst. Einen Überblick bekommst du u. a. auf der Seite *frankentipps.de* oder auf *franken tourismus.de/veranstaltungskalender* sowie in der Tageszeitung oder in kostenlosen Monatsmagazinen.

# NOTFÄLLE

## BERGRETTUNG

Die Bergwacht Bayern (BWB) ist in ganz Franken im Einsatz und über Tel. 112 zu erreichen. Im Internet (Unterfranken und das Gebiet der Hessischen Rhön: *bergwacht-wasserkuppe. de*, Ober- und Mittelfranken: *berg wacht-bayern.org*) bekommst du Auskünfte über die einzelnen Stationen sowie wichtige Hinweise zur Tourenplanung.

## KRANKHEIT & UNFALL

Nürnberg, Erlangen und Würzburg haben Universitätskliniken, (kleinere) Krankenhäuser gibt es in vielen Städten. Infos zur nächsten Arztpraxis erhältst du in deiner Unterkunft oder bei der örtlichen Touristinformation. Außerhalb der Praxiszeiten erreichst du unter der kostenfreien Telefonnummer *116 117* den ärztlichen Bereitschaftsdienst. Zu einer Übersicht über Bereitschaftspraxen und deren Öffnungszeiten führt der Link *short.tra vel/frk1*.

## WETTER IN NÜRNBERG

Hauptsaison
Nebensaison

| | JAN. | FEB. | MÄRZ | APRIL | MAI | JUNI | JULI | AUG. | SEPT. | OKT. | NOV. | DEZ. |
|---|---|---|---|---|---|---|---|---|---|---|---|---|
| Tagestemperaturen | 2° | 3° | 9° | 13° | 18° | 22° | 23° | 23° | 20° | 13° | 7° | 2° |
| Nachttemperaturen | -4° | -4° | -1° | 3° | 7° | 10° | 12° | 12° | 9° | 5° | 1° | -3° |
| ☀ Sonnenschein Stunden/Tag | 2 | 3 | 4 | 6 | 7 | 8 | 7 | 7 | 6 | 3 | 2 | 1 |
| ☂ Niederschlag Tage/Monat | 17 | 15 | 13 | 14 | 14 | 15 | 16 | 15 | 12 | 14 | 14 | 15 |

☀ Sonnenschein Stunden/Tag     ☂ Niederschlag Tage/Monat

# URLAUBS FEELING
## ZUM EINSTIMMEN & AUSKLINGEN

## LESESTOFF & FILMFUTTER

### 📖 DAS PERLENMEDAILLON

Nürnberg im Mittelalter. Helena soll einen Patrizier heiraten, dabei liebt sie Goldschmied Niklas. Allein seine Briefe, die ihr der junge Albrecht Dürer aus Venedig mitbringt, geben ihr Hoffnung. Sabine Weigand lässt in ihrem historischen Roman aus dem Jahr 2005 echte und fiktive Persönlichkeiten eine packende Geschichte erleben.

### 📖 DER FRANKENBULLE

Ein Mord bei den Dreharbeiten zu einem Fernsehkrimi ist Thema des Romans (2020) von Harry Luck. Der Frankenkrimi-Autor nimmt im fünften Band seiner Reihe um den kauzigen Kommissar Horst Müller aus Bamberg das eigene Genre aufs Korn.

### 🎥 FRANKEN-TATORT

Seit 2015 hat Franken seinen ARD-Tatort. Eine Nürnberger Mordkommission ermittelt in der Region bei wachsender Beliebtheit der Zuschauer.

### 🎥 DAS SAMS

Die drei Kinofilme rund um die Kinderbuchfigur von Paul Maar spielen teilweise in der Bamberger Altstadt. 2001 schlüpfte Christine Urspruch erstmals in die Rolle des Sams.

# PLAYLIST SPASSLIEDER

0:58

**❚❚ JÜRGEN LEUCHAUER – NÄMBERCHER SAMMA**
Witziges Mundartlied des fränkischen Entertainers

**▶ WALTRAUD & MARIECHEN – DIE SCHÖNEN FRAUEN VON FÜRTH**
Die Comedians Martin Rassau und Volker Heißmann verraten singenderweise, in welcher fränkischen Stadt die attraktivsten „Feger" leben

**▶ WILLY ASTOR – FRANKENLIED**
Frankensong mit genialen Wortspielen

**▶ MARK BENDER – DIE LEGENDE LEBT**
Hymne des 1. FC Nürnberg

**▶ FOYER DES ARTS – WISSENSWERTES ÜBER ERLANGEN**
Neue-Deutsche-Welle-Hit mit einem Text von Kolumnist Max Goldt, der sich über eine touristische Stadtrundfahrt lustig macht

Den Soundtrack zum Urlaub gibt's auf **Spotify** unter **MARCO POLO** Franken

Oder Code mit Spotify-App scannen

## AB INS NETZ

**FRANKENSTONES**
Viele Tausend Mitglieder zählt die Facebookgruppe. Wer gerne Steine bemalt und diese irgendwo in Franken versteckt in der Hoffnung, dass der Finder sie in der Gruppe postet, der wird hier großen Spaß haben.

**FRANKEN-SIND-KEINE-BAIERN.DE**
Wer wissen will, was Franken und Bayern trennt und warum Franken keine Bayern sein wollen, informiert sich hier über Geschichtliches und Aktuelles.

**OCHSENKOPF.INFO/WEBCAMS**
Mit der Webcam schaust du auf den Ochsenkopf: Liegt genügend Schnee? Und wow, dort scheint ja die Sonne!

**VGN FAHRPLAN & TICKETS**
Wo die nächste Bushaltestelle ist und wann die letzte U-Bahn fährt, erfährst du über die kostenlose App des Verkehrsverbunds Großraum Nürnberg.

**INFRANKEN.DE**
Die Nachrichten-App versorgt dich kostenlos mit News aus der Region inklusive Eilmeldungen und Servicethemen.

# TRAVEL PURSUIT
## DAS MARCO POLO URLAUBSQUIZ

**Weißt du, wie Franken tickt? Teste hier dein Wissen über die kleinen Geheimnisse und Eigenheiten von Land und Leuten. Die Lösungen findest du in der Fußzeile. Und ganz ausführlich auf den S. 18–23.**

❶ **Wegen der binnendeutschen Konsonantenschwächung**
a) gibt es in Franken Dode im Dadord.
b) sind die Franken den Bayern unterlegen.
c) liegt Franken außerhalb des Weißwurstäquators.

❷ **Eine der erfolgreichsten Fernsehsendungen Frankens ist**
a) „Vegan in Franken" mit TV-Koch Alexander Herrmann.
b) „Fastnacht in Franken" aus Veitshöchheim.
c) „Franken macht Sport" mit Lothar Matthäus.

❸ **Eine berühmte Naturstudie ist**
a) die Bratwurst von Balthasar Neumann.
b) der Hase von Albrecht Dürer.
c) der Apfel von Tilman Riemenschneider.

❹ **Die Stadt Hof wird gerne bezeichnet als**
a) Bayerisch Sibirien.
b) bayerisches Nizza.
c) Venedig des Nordens.

❺ **Franken hat das/die größte**
a) Volksfest der Welt.
b) Kuckucksuhr der Welt.
c) Brauereidichte der Welt.

Fachwerk und Jugendstil vereinen die Gebäude im Bürgerpark Theresienstein in Hof

**❻ Der „Wilde Mann" ist**
**a)** der Wirt des Schlenkerla, wenn jemand die Zeche prellt.
**b)** eine Disco in der Fränkischen Schweiz.
**c)** Fassadenschmuck am Fachwerkhaus.

**❼ Was bedeutet „Franken"?**
**a)** Die Mutigen
**b)** Die Franzosen
**c)** Die Fröhlichen

**❽ Welches wichtige fränkische Kunstwerk wird – fatalerweise – in München aufbewahrt?**
**a)** Der Behaim-Globus
**b)** Der Grabstein von Schneewittchen
**c)** Die Heinrichskrone

**❾ Ein berühmter Spruch über den 1. FC Nürnberg lautet:**
**a)** FC Nürnberg, Forever Number One.
**b)** Auf geht's, Nürnberg, schieß ein Tor!
**c)** Der Club is a Depp.

**❿ Wer sich in Franken um viertel zehn verabredet,**
**a)** ist am besten um 9.45 Uhr da.
**b)** ist am besten um 9.15 Uhr da.
**c)** ist am besten um 10.15 Uhr da.

**⓫ Franken gehen zum Biertrinken**
**a)** nach Bayern.
**b)** in den Keller.
**c)** auf den Keller.

## REGISTER

## LOB ODER KRITIK? WIR FREUEN UNS AUF DEINE NACHRICHT!

Trotz gründlicher Recherche schleichen sich manchmal Fehler ein. Wir hoffen, du hast Verständnis, dass der Verlag dafür keine Haftung übernehmen kann.

**MARCO POLO Redaktion • MAIRDUMONT • Postfach 31 51 73751 Ostfildern • info@marcopolo.de**

### Impressum

Titelbild: Burg Gößweinstein in Gößweinstein (Schapowalow: R. Schmid)

Fotos: DuMont Bildarchiv: Maeritz (51), Wackenhut (58); huber-images: Bäck (113), G. Croppi (100), Gräfenhain (19, 87), H.-P. Huber (110); Huber-images: M. Rellini (2/3, huber-images: M. Rellini (64), Schmid (83); Huber-images: R. Schmid (24/25, huber-images: R. Schmid (63, 75, 81); Huber-images: R. Schmid (132/133, huber-images: R. Schmid (140/141), TC (94/95); Huber-images: L. Vaccarella (138/139); M. Kirchgessner (48); Laif: Hub (32/33), A. Hub (Klappe hinten, 11, 22, 27, 60), Kirchgessner (28), M. Kirchgessner (76), G. Knoll (68/69); Laif/robertharding: N. Farrin (44), M. Runkel (38/39); N. Luck (142); mauritius images: R. Linke (84), K. Neuner (66, 88), B. Protzel (31), U. Siebig (14/15, 109), M. Siepmann (30/31, 105, 123); mauritius images/Alamy: S. Chung (134), Elxeneize (6/7), M. Kaminer (10), M. Savage (47), B. Stroujko (Klappe vorne außen, Klappe vorne innen/1), V. Thoermer (9); mauritius images/Alamy/Zoonar GmbH (116); mauritius images/Bildarchiv Monheim/Alamy (55); mauritius images/go-images (35); mauritius images/imagebroker: U. Schweitzer (20), Siepmann (91), M. Siepmann (12/13, 26/27, 79, 92, 114), J. Woodhouse (8); mauritius images/imagebroker/hwo (124/125); mauritius images/Novarc: H. P. Szyszka (106); mauritius images/robertharding: M. Runkel (120); mauritius images/United Archives: W. Kühn (52/53), M. Siepmann (57); mauritius images/Westend61: V. Thoermer (118); T. P. Widmann (102)

### 14. Auflage 2021, komplett überarbeitet und neu gestaltet

© MAIRDUMONT GmbH & Co. KG, Ostfildern
Autoren: Hans-Christoph Borucki, Nadine Luck
Redaktion: Ulrike Frühwald
Bildredaktion: Gabriele Forst
Kartografie: © MAIRDUMONT, Ostfildern (S. 36–37, 131, Umschlag außen, Faltkarte); Kompass Karten GmbH, A-Innsbruck © MAIRDUMONT, Ostfildern (S. 126, 129); © MAIRDUMONT, Ostfildern, unter Verwendung von Kartendaten von OpenStreetMap, Lizenz CC-BY-SA 2.0 (S. 40–41, 43, 70–71, 73, 96–97, 99)
Als touristischer Verlag stellen wir bei den Karten nur den De-facto-Stand dar. Dieser kann von der völkerrechtlichen Lage abweichen und ist völlig wertungsfrei.
Gestaltung Cover, Umschlag und Faltkartencover: bilekjaeger_Kreativagentur
mit Zukunftswerkstatt, Stuttgart; Gestaltung Innenlayout:
Langenstein Communication GmbH, Ludwigsburg
Texte hintere Umschlagklappe: Lucia Rojas
Konzept Coverlines: Jutta Metzler, bessere-texte.de

Printed in China

MIX
Paper from responsible sources
FSC® C124385

MARCO POLO AUTORIN
### NADINE LUCK

Es war Liebe auf den ersten Blick, als Nadine Luck 2012 mit ihrer Familie nach Bamberg zog. Dass sie ihren Kinder Namen mit „haddem D" innendrin gegeben hat, hat die Autorin schon mal bereut – inzwischen fränkelt der Nachwuchs selbst. Wenn sie nicht für MARCO POLO recherchiert, bloggt sie auf „Mama und die Matschhose" und schreibt als Journalistin für verschiedene Zeitschriften.

# BLOSS NICHT!

## FETTNÄPFCHEN UND REINFÄLLE VERMEIDEN

### WEINTRAUBEN STEHLEN

Früher galt es als Mundraub, nun ist es Diebstahl, wenn auch nur in geringem Umfang: Spaziergänger, die in die Weinbergzeilen steigen und sich an den Trauben bedienen, sind bei Winzern nicht gern gesehen.

### IN DER KIRCHE QUATSCHEN

Eine Kirche ist kein Museum. Unsensibel ist, wer sich neben Betenden über das Geheimnis des Bamberger Reiters oder das Rokoko-fresko auslässt. Während der Gottesdienste sind Besichtigungen ohnehin oft verboten.

### DIALEKT NACHAHMEN

*Broudwoschd* und *Weggla* – wenn du dein Essen auf Fränkisch bestellst, finden das die Einheimischen *fei gscheid bled*. Wenn du den fränkischen Dialekt nicht beherrschst, solltest du dich darin erst gar nicht versuchen. Grausam klingt das sonst für Einheimische, und es kann durchaus passieren, dass sie sich veräppelt fühlen.

### IN DIRNDL UND LEDERHOSE ZUR KERWA

Es kommt vor, dass Menschen zur Kirchweih dasselbe tragen wie zum Oktoberfest: Dirndl und Lederhose. Doch: Diese Tracht ist bayerisch, die fränkische ist schlichter. Wer kein verkleideter Oberbayer sein will, lässt es also beiben.

### ALLEIN AM GROSSEN TISCH SITZEN

In beliebten Wirtshäusern kriegst du oft nur schwer einen Platz. Die Franken rücken zusammen. Ungern sehen sie es, wenn Gäste einen ganzen Tisch blockieren, obwohl Stühle frei sind. Wirst du gefragt, ob noch Platz ist, antworte mit Ja.